SÜSSWASSER FISCHE

Aal

Äsche

Barsch

Forelle

Hecht

Karpfen

Lachs

Schleie

Seesaibling

Zander

Verlags- und Wirtschaftsgesellschaft der Elektrizitätswerke mbH · VWEW
Stresemannallee 23, 6000 Frankfurt am Main
ISBN 3-8022-0105-1

FISCHE

köstlich und gesund zubereitet

von
Ellen Falout
Recklinghausen

Gesamtgestaltung
Niesner & Niesner
Korschenbroich

Verlags- und Wirtschaftsgesellschaft der Elektrizitätswerke mbH · VWEW

VORWORT

Eine höchstpersönliche Laudatio. Genau vor 50 Jahren schrieb ich als Journalisten-Elève in meinem Beitrag »Eiweißprobleme – Lebensprobleme?«:

»Wir wissen, Eiweiß ist ein wichtiger Bestandteil der Zellen, aus denen ja alle Pflanzen und Lebewesen, also auch der Mensch, aufgebaut sind. Darum brauchen wir Eiweiß zum Körperaufbau und aus diesem Grunde ist das Eiweißproblem eine der wichtigsten Lebensfragen.

Eiweiß ist in unseren Nahrungsmitteln in tausendfachen Arten trotz derselben chemischen Zusammensetzung vorhanden. Die Eiweiße haben unter sich verschiedene Wertigkeiten. Man kann sie in zwei Hauptgruppen einteilen, und zwar in unterwertige, dazu gehört das Eiweiß aus den Hülsenfrüchten und dem Mehl, und in vollwertige, zu denen das Eiweiß des Fleisches, des Fisches, der Schalen- und Krustentiere, der Milch, des Käses und der Sojabohnen gehört. Unterwertige Pflanzeneiweiße müssen erst unter großen Verlusten in vollwertiges tierisches Eiweiß umgewandelt werden …«

Für den größten Teil unserer Bevölkerung war noch in den 30er Jahren Fisch als Ernährungsgrundlage eine Seltenheit.

Das war im wesentlichen ein Transportproblem. Heute können wir (fast) alle Arten von Fischen frisch und/oder tiefgefroren kaufen. Die moderne Kryotechnik macht's möglich.
Fisch lecker zuzubereiten ist aber auch heute noch eine Kunst. Erst allmählich werden wir auf diesem Gebiete vom Gourmand zum Gourmet.
Es ist das große Verdienst von Ellen Falout, die Fischzubereitung als Kochkunst zelebriert zu haben. Leicht geht das kulinarische Fischgericht »von der Hand«, wenn man »à la Ellen« den Fisch zur Delikatesse macht, wobei u. a. die Kunst darin besteht, den Fisch saftig und zart zu garen.
Zum gekonnten Fischgericht gehören entsprechende Beilagen und Zutaten, die Ellen Falout mit Liebe ausgewählt hat.
Ein guter Fischfond ist das Geheimnis guter Fischsoßen und -suppen schlechthin und für Fischgerichte eine conditio sine qua non. Fisch ist nicht nur eine leicht bekömmliche Eiweißquelle für unsere Ernährung. Vielmehr kristallisiert sich immer mehr heraus, daß Fisch ein wichtiges Eiweißsubstitut für unsere mit vielen Risikofaktoren behafteten z. T. falsch ernährten Menschen unserer technischen Zivilisation ist.
Eskimos haben selten Arteriosklerose (Gefäßverkalkung) und Herzinfarkte, obwohl ihre Ernährung hochkalorisch, fett- und cholesterinreich ist. Sie leben im wesentlichen vom Fisch. Jetzt scheint das Rätsel gelöst zu sein. Fisch enthält die Antirisikofaktoren ω-3 Fettsäuren (Eikosapentaensäure), also wertvolle ungesättigte Fettsäuren.
»Eßt mehr Fisch und ihr bleibt gesund«. Dieser von mir vor fast 50 Jahren formulierte Slogan ist daher aktueller denn je! Daß nun diese wertvolle »ernährungsmedizinische Zutat« nicht nur gesund, sondern zudem noch eine Delikatesse ist, macht Ellen Falout's Kochkunst möglich!

* Professor Dr. med. Dr. rer. nat. Emil Heinz Graul ist Direktor des Institutes für Environtologie (Umweltwissenschaften) und Nuklearmedizin der Universität Marburg, Präsident der internationalen Akademie für Präventivmedizin und Umwelthygiene sowie Präsident von MEDICEF-International (International Center for Environtal Sciences and Future Research) Davos/Miami.

Meine Kochphilosophie einer »Neuen bürgerlichen Küche«, mit der ich mich schon seit fast 20 Jahren beschäftige und die ich in meinen bisherigen Kochbüchern konsequent praktiziert habe, hat inzwischen den Durchbruch in der Öffentlichkeit erzielt.
Die Medien, viele Fachleute –, vor allem aber meine vielen Leser, haben mir bestätigt, daß dies der richtige Weg ist für eine moderne wohlschmeckende und gesunde Küche.
Auch die Kochrezepte dieses Buches sind nach den Grundregeln meiner »Neuen bürgerlichen Küche« geschaffen und präzise nach den jeweiligen Arbeitsgängen gestaltet worden. Sie sollten vor Beginn der Arbeit gründlich gelesen werden. Nur so ist letztlich der Erfolg gewährleistet. Hierbei ist zu beachten:

- Lebensmittel von bester Qualität verwenden!
- Keine schweren Mehlsaucen verwenden!
- Den Eigengeschmack der Speisen erhalten!
- Menüfolge vereinfachen! Kleine Zwischengerichte und Salate einbauen. Überhaupt dem Gemüse und dem Salat mehr Beachtung schenken.
- Fischgerichte, das gilt auch für Schalen- und Krustentiere, à la minute servieren! D. h. vom Herd direkt auf den Tisch. So sind sie optimal.
- Garzeiten und Temperaturen präzise einhalten! Bei Fischgerichten ist es besonders wichtig, daß sie nicht über 180° C im Backofen gegart werden. (Mit Umluft nicht über 160° C.) Bei zu hoher Temperatur und zu langen Garzeiten wird der Fisch zu trocken und zu fest.

Ich bin Herrn Professor Graul sehr dankbar, daß gerade er zu diesem Thema ein so persönliches Vorwort geschrieben hat. Er ist nicht nur als Wissenschaftler dafür kompetent, sondern auch als Tiefseeangler und Gourmet.
Sicher bin ich, daß Sie mit diesem Buch viel Freude und Erfolg haben werden.

Ihre

TIPS

Filieren von Fisch. Zum Ablösen der Filets benötigt man ein scharfes Messer mit einer langen Klinge, die etwas biegsam sein sollte.
Flachen Fischen wird vor dem Filieren die Haut abgezogen.
Die Haut von runden Fischen wird nach dem Filieren abgezogen.
Die beim Filieren abfallenden Köpfe und Gräten von Edelfischen werden für die Zubereitung von Fonds benötigt. Fonds können auch stark reduziert im Eiswürfelbehälter auf Vorrat eingefroren werden. So wird die Zubereitungszeit der Soßen erheblich verkürzt. Fonds dürfen auf keinen Fall vor dem Reduzieren gewürzt werden.
Zum Ausnehmen von Fischen wird der Bauch mit einem scharfen Messer oder einer Schere von der Afteröffnung bis unter die Kiemen aufgeschlitzt. Die Eingeweide werden herausgenommen. Das Blutgerinnsel wird an der Mittelgräte losgeschabt und mit kaltem Wasser herausgespült.
Zum Schuppen von Fischen verwendet man einen Fischschupper oder ein Messer und entfernt die Schuppen in entgegengesetzter Richtung unter fließendem Wasser, ohne die Haut zu verletzen.

Runder Fisch

Vom Kopf bis zum Schwanz am Rückgrat entlang bis zur Mittelgräte einschneiden.

Das Messer hinter dem Kopf ansetzen und an den Gräten entlang bis zum Schwanz das Filet ablösen.

Die Mittelgräte mit dem Messer herauslösen und die Flossen, den Kopf und den Schwanz abschneiden.

Das Filet mit der Haut nach unten auf ein Brett legen. Die Haut mit dem Messer mit einem leichten Druck nach unten vom Schwanzende mit einem Ruck abziehen.

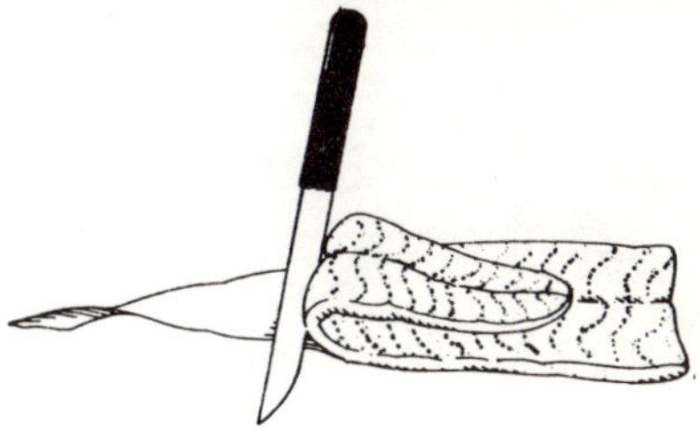

Die in den Filets verbliebenen Quergräten mit einer Pinzette oder kleinen Zange sorgfältig herausziehen.
Mit den Fingerspitzen die Fischfilets nach restlichen Gräten abtasten und entfernen.

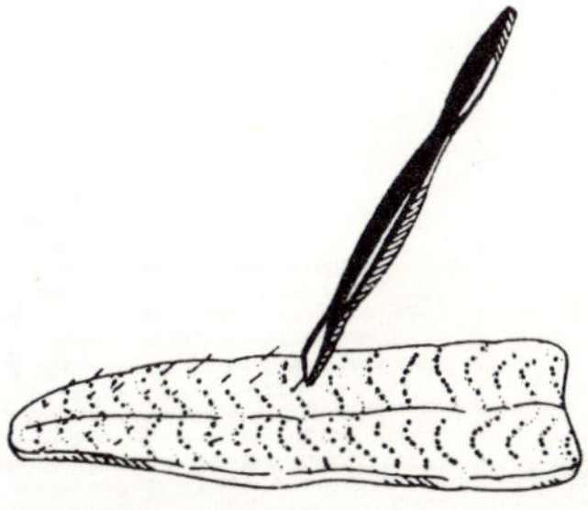

Flacher Fisch

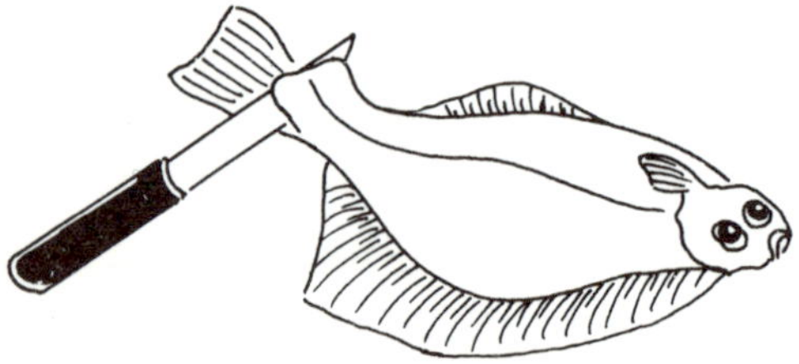

Den Fisch auf ein Holzbrett legen. Die Haut am Schwanzende durchschneiden und ca. 2 cm an der Schnittstelle lösen.

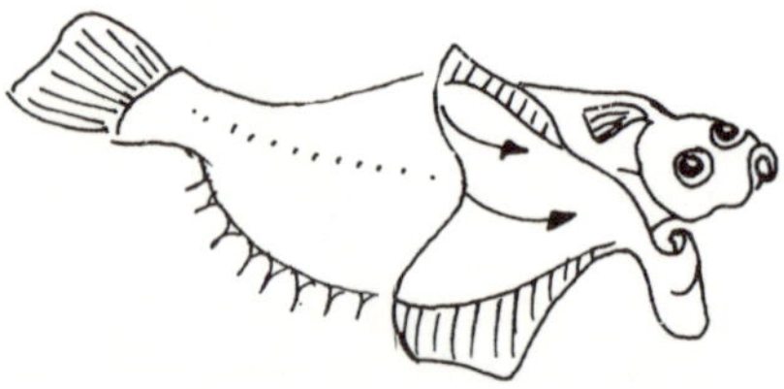

Die Haut zum Kopf hin abziehen. Damit die Hand nicht abrutscht evtl. ein Tuch zu Hilfe nehmen.

Den Fisch vom Kopf entlang an der Mittelgräte einschneiden. Das Filet mit dem Messer von den Brustgräten ablösen.

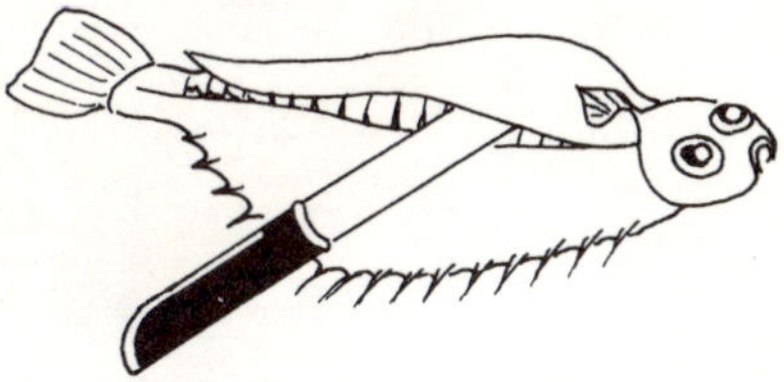

Das zweite Filet ebenfalls mit dem Messer ablösen.

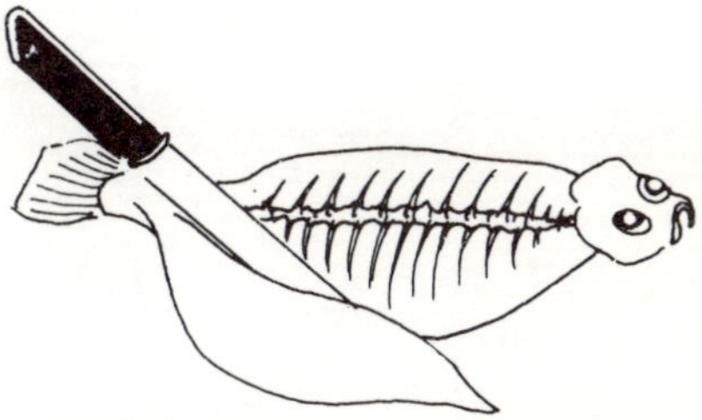

Den Fisch umdrehen und in gleicher Weise filieren. Von den Filets Unregelmäßigkeiten und die Flossen abschneiden.

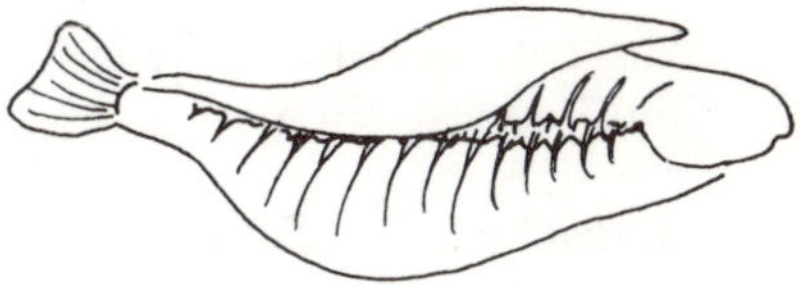

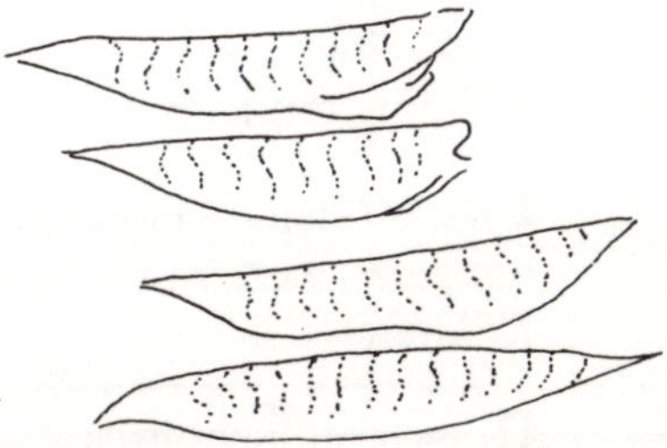

INHALT

Gelatine sollte nie zu heiß aufgelöst werden, da sie dann nicht mehr ihre volle Wirkungskraft hat.
Für ½ l Flüssigkeit rechnet man 6 Blatt Gelatine, die vor der Verarbeitung 5 Minuten im kalten Wasser eingeweicht werden müssen.

Fische für Salate, Suppen und Eintöpfe – Beilagen –

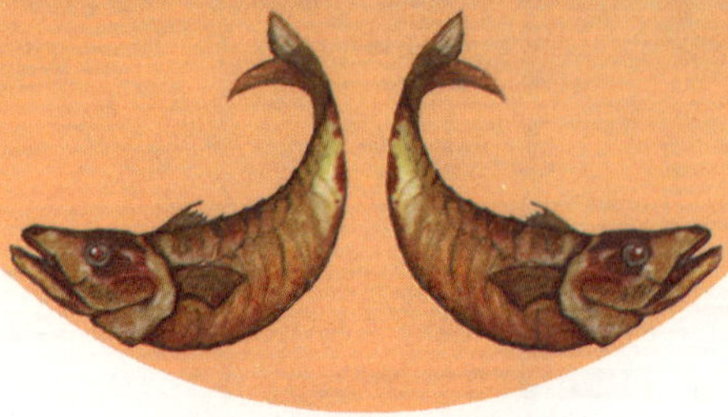

Fischgerichte gebraten, geräuchert und gegrillt

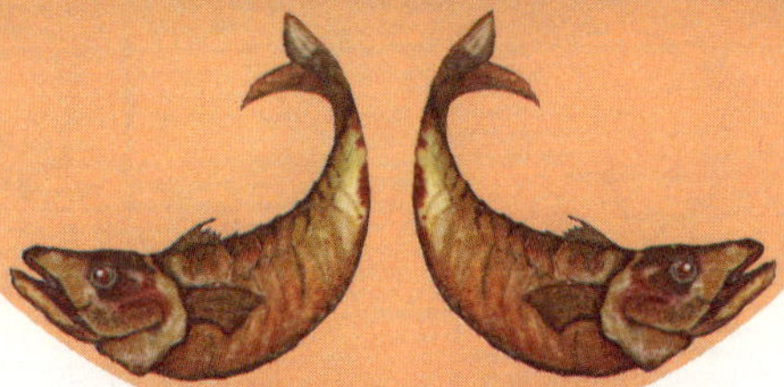

Fischgerichte gebraten, geräuchert und gegrillt

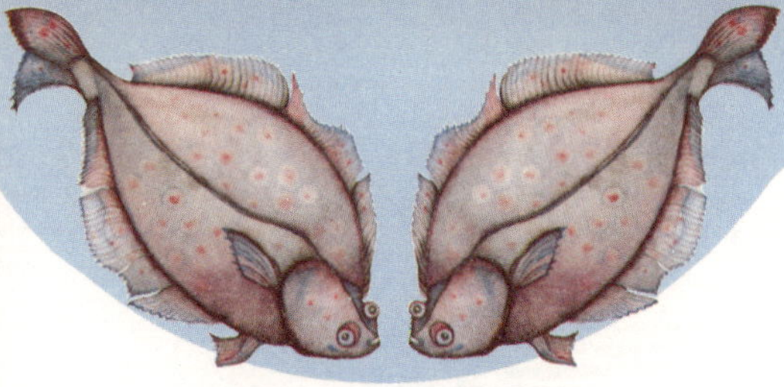

Fischgerichte gedünstet

Fischgerichte im Backofen gegart

Fischgerichte im Backofen gegart

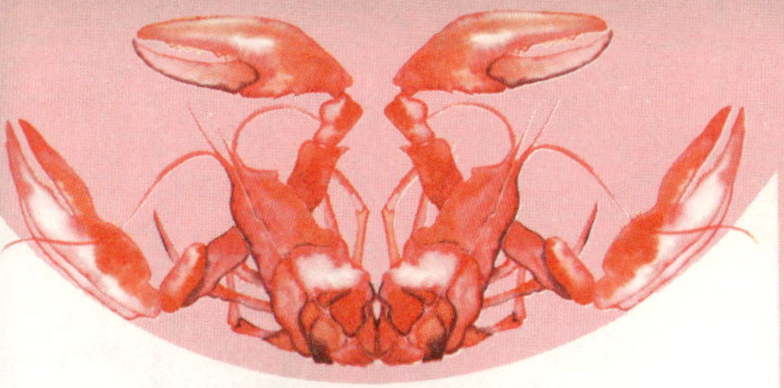

Gerichte mit Schalen- und Krustentieren

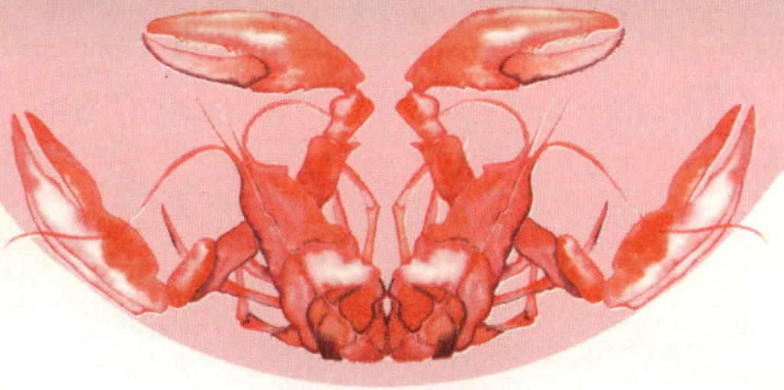

Gerichte mit Schalen- und Krustentieren

FISCHE FÜR SALATE, SUPPEN,

U. EINTÖPFE ~BEILAGEN~

Aalsuppe

Vorbereitungszeit: 30 Minuten

800 g frischer Aal
250 g Spinat
1/8 l saure Sahne
2 Eigelb

Kochzeit: 5 Minuten

3/4 l Rindfleischbrühe
Salz
Pfeffer
Zitronensaft

1. Die Aale ausnehmen, waschen und die Haut hinter dem Kopf rundherum einschneiden und abziehen. Den Kopf abschneiden und den Aal in 3 1/2 cm große Stücke teilen.
2. Den Spinat putzen, waschen und abtropfen lassen. Grob hacken.
3. Die saure Sahne mit dem Eigelb verquirlen.
4. Die Rindfleischbrühe erhitzen. Mit Salz und Pfeffer würzen und den Aal hineingeben. Heiß werden lassen und je nach Dicke der Aalstücke ca. 4 Minuten garziehen lassen.
5. Den Spinat in etwas kochende Rindfleischbrühe geben. Zusammenfallen lassen und fein pürieren.
6. Die Eigelbsahne und den Spinat in die Suppe rühren. Erhitzen, jedoch nicht kochen.
7. Mit Salz, Pfeffer und etwas Zitronensaft würzen. Abschmecken und sofort servieren.

Aaltopf

Vorbereitungszeit: 30 Minuten

1 Zwiebel
1 TL Butter
3/4 l Geflügelbrühe
375 g Kartoffeln
1 Stange Lauch
250 g Tomaten
1000 g frischer Aal

Kochzeit: 20 Minuten

Salz
Pfeffer
Rosenpaprika
1/8 l Weißwein, trocken
1/8 l Sahne
1 EL frische Dillspitzen

1. Die Zwiebel schälen und feinhacken. In einem Suppentopf in Butter glasig dünsten und die Geflügelbrühe zugeben.

2. Die Kartoffeln schälen, waschen, in kleine Würfel schneiden und in die Geflügelbrühe geben. Ca. 12 Minuten zugedeckt kochen.

3. Den Lauch an beiden Enden abschneiden, längs halbieren und unter fließendem Wasser waschen. In feine Scheiben schneiden, in die Suppe geben und mit den Kartoffeln ca. 4 Minuten köcheln.

4. Die Tomaten in kochendes Wasser tauchen und in Eiswasser abschrecken. Die Haut abziehen, den Stielansatz und die Kerne entfernen. Das Tomatenfleisch in kleine Würfel schneiden.

5. Die Aale ausnehmen und waschen. Die Haut hinter dem Kopf rundherum einschneiden und abziehen. Den Kopf abschneiden.

6. Die Aale filieren und in 3 cm lange Stücke schneiden. Mit Salz, Pfeffer und Rosenpaprika würzen. Die Aalstücke zu den Kartoffeln geben, erhitzen und ca. 3 Minuten garziehen lassen (nicht kochen).

7. Den Weißwein und die Sahne zugeben, heiß werden lassen und die Dillspitzen und Tomatenwürfel unterrühren. Abschmecken.

8. Den Aaltopf in gut vorgewärmten tiefen Tellern oder Suppentassen servieren.

Bückling mit Rührei

Vorbereitungszeit:
15 Minuten

3 Bücklinge
8 Eier
1/8 l Vollmilch
Salz

Kochzeit:
6 Minuten

Pfeffer
150 g Tomaten
1 EL Butter
1 Bund Schnittlauch

1. Die Bücklinge filieren und in mundgerechte Stücke schneiden.
2. Die Eier mit der Vollmilch verquirlen und leicht mit Salz und Pfeffer würzen.
3. Die Tomaten in kochendes Wasser tauchen, in Eiswasser abschrecken und die Haut abziehen. Den Stielansatz und die Kerne entfernen. Das Tomatenfleisch in Würfel schneiden.
4. Die Butter in einer Bratpfanne erhitzen und die Eier mit den Tomatenwürfel hineingeben. Etwas anziehen lassen und dann die vorbereiteten Bücklinge unterrühren. Bis zur gewünschten Konsistenz stocken lassen. Abschmecken.
5. Den Schnittlauch waschen, trocken tupfen und mit der Schere in feine Ringe schneiden.
6. Auf vorgewärmten Tellern die Bücklinge mit Rührei anrichten und mit Schnittlauch bestreuen.

Dazu gebuttertes Vollkornbrot und Salat.

Filet vom Steinbeißer im Sud (à la nage)

Vorbereitungszeit: 20 Minuten

1 Möhre
1 Stück Sellerieknolle
1/2 Stange Lauch
1 EL Butter
1/4 l Fischfond
1/8 l Weißwein, trocken
1 Thymianzweig

Kochzeit: 55 Minuten

1 Lorbeerblatt
1 kleine geschälte Zwiebel
Salz
Pfeffer
1 Stange Lauch
1 EL Butter
600 g Filet vom Steinbeißer

1. Die Möhre, den Sellerie und die halbe Stange Lauch putzen, waschen, kleinschneiden und trocken tupfen.

2. Butter in einem entsprechend großen Kochtopf erhitzen und das Gemüse darin anrösten.

3. Mit Fischfond und Weißwein auffüllen und den Thymianzweig, das Lorbeerblatt und die ganze Zwiebel zugeben. Ca. 45 Minuten sanft köcheln.

4. Den Sud durch ein feines Sieb in einen anderen Topf schütten und mit Salz und Pfeffer würzen. Abschmecken.

5. Die Stange Lauch an den Enden abschneiden, längs halbieren und unter fließendem Wasser waschen. In streichholzlange dünne Streifen schneiden, mit Salz und Pfeffer würzen und in Butter ca. 2 Minuten andünsten.

6. Das Filet vom Steinbeißer kalt abspülen, trocken tupfen, portionieren und mit Salz und Pfeffer würzen. In den Sud legen, erhitzen und ca. 3 Minuten garziehen (nicht kochen) lassen.

7. Die Fischfilets in vorgewärmte tiefe Teller legen und mit dem Sud bedecken. Die Lauchstreifen erhitzen und dekorativ darüber streuen.

Fischfond

Vorbereitungszeit: 10 Minuten

1 kg Gräten von Edelfischen
2 Zwiebeln
1 Stange Staudensellerie
1 kleine Stange Lauch
1 Petersilienwurzel

Kochzeit: 30 Minuten

25 g Petersilie mit Stiel
1 Zweig Thymian
1 Lorbeerblatt
40 g Butter
1/2 l Weißwein, trocken

1. Die Fischgräten kalt abspülen und abtropfen lassen.

2. Die Zwiebeln schälen und achteln.

3. Die Stange Staudensellerie, den Lauch und die Petersilienwurzel putzen, waschen und kleinschneiden. Trocken tupfen und mit der Petersilie mit Stiel, dem Zweig Thymian und dem Lorbeerblatt in Butter unter wiederholtem Wenden andünsten.

4. Den Weißwein, die Fischgräten und die Zwiebeln dazugeben und mit soviel Wasser auffüllen, daß alle Zutaten gut bedeckt sind.

5. Zugedeckt ca. 30 Minuten köcheln und während des Kochens abschäumen.

6. Durch ein feines Sieb gießen und kühl stellen.

Für die Vorratshaltung kann dieser Fischfond auf $^1/_3$ der Menge eingekocht und in kleinen Behältern im Gefrierschrank eingefroren werden.

Fischgulasch mit Fenchel

Vorbereitungszeit: 20 Minuten

1 Fenchelknolle
2 Schalotten
1 EL Butter
1/4 l Fischfond
1/8 l Sahne

Kochzeit: 10 Minuten

1 Prise Safran
Salz
Pfeffer
Zitronensaft
600 g Fischfilet

1. Die Fenchelknolle putzen, waschen und in feine kurze Streifen schneiden.

2. Die Schalotten schälen, feinhacken und in Butter glasig dünsten. Den Fischfond, die Sahne und die Fenchelknolle dazugeben und den Fenchel ca. 6 Minuten bißfest kochen.

3. Den Fischfond durch ein Sieb in einen anderen Topf gießen und sämig einkochen.

4. Die Soße mit einer Prise Safran Farbe nehmen lassen und mit Salz, Pfeffer und Zitronensaft würzen. Abschmecken.

5. Das Fischfilet kalt abspülen und mit Küchenkrepp trocken tupfen. In mundgerechte Stücke schneiden und leicht mit Salz und Pfeffer würzen.

6. Das Fischfilet in die Soße geben und bei schwacher Temperatur ca. 4 Minuten garen. Nach 2 Minuten den Fisch wenden.

7. Den Fenchel in den Fischgulasch geben, erhitzen und den Fischgulasch abschmecken.

8. Den Fischgulasch auf vorgewärmten Tellern anrichten.

Dazu Reis.

Fischpfanne mit Kabeljaufilet

Vorbereitungszeit: 20 Minuten

50 g durchwachsener Speck
125 g Zwiebeln
250 g Kartoffeln
Salz

Kochzeit: 25 Minuten

Pfeffer
500 g Kabeljaufilet
30 g Butter
1 Bund Dill

1. Den durchwachsenen Speck in kleine Würfel schneiden und in einer Bratpfanne andünsten.
2. Die Zwiebeln schälen, feinhacken, zu den Speckwürfeln geben und glasig dünsten.
3. Die Kartoffeln schälen, waschen und in Würfel schneiden. Mit dem vorbereiteten Speck und den Zwiebeln mischen. Leicht mit Salz und Pfeffer würzen und ca. 15 Minuten zugedeckt in der Bratpfanne garen.
4. Das Kabeljaufilet kalt abspülen, trocken tupfen und in mundgerechte Würfel schneiden. Mit Salz und Pfeffer würzen und unter die Kartoffelwürfel mischen.
5. Die Butter in kleinen Stückchen darüber verteilen und das Kabeljaufilet zugedeckt ca. 4 Minuten, je nach Größe der Würfel, garziehen lassen.
6. Den Dill waschen, trocken tupfen und die Spitzen abziehen.
7. Die Fischpfanne abschmecken und mit den Dillspitzen bestreuen.

Dazu grüner Salat.

Fischragout mit roten Paprikastreifen

Vorbereitungszeit: 15 Minuten

600 g Fischfilet
(Goldbarsch- oder Heilbuttfilet)
250 g rote Paprikaschoten
45 g Butter
2 Zwiebeln
1/4 l Fischfond

Kochzeit: 15 Minuten

200 g Creme fraîche
1/2 TL Rosenpaprika
Salz
Pfeffer
3 EL Weißwein, trocken

1. Das Fischfilet mit kaltem Wasser abspülen, mit Küchenkrepp trocken tupfen und in mundgerechte Würfel schneiden.

2. Die Paprikaschoten waschen, den Stielansatz und das Kerngehäuse entfernen. Die Schoten in feine Streifen schneiden und ca. 2 Minuten in Butter andünsten.

3. Die Zwiebeln schälen, feinhacken und in Butter glasig dünsten.

4. Den Fischfond auf wenige Eßlöffel einkochen. Creme fraîche dazugeben, köcheln, bis die gewünschte Konsistenz für die Soße erreicht ist. (Da der Fisch in der Soße gegart wird, muß berücksichtigt werden, daß der Fisch während des Garens noch etwas Flüssigkeit abgibt.)

5. Die Soße mit Rosenpaprika, Salz und Pfeffer würzen und mit Weißwein abschmecken.

6. Die Fischwürfel leicht salzen und pfeffern, in die Soße geben, erhitzen (nicht kochen) und je nach Größe der Fischwürfel ca. 4 Minuten garen.

7. Die Paprikastreifen in das Fischragout geben, erhitzen und das Fischragout auf vorgewärmten Tellern anrichten.

Dazu Kartoffelhäubchen und grüner Salat.

Fischsuppe

Vorbereitungszeit: 15 Minuten

1 Stange Lauch
2 Möhren
3/4 l Fischfond
1/8 l Riesling, trocken
1/8 l Sahne
Salz

Kochzeit: 5 Minuten

Pfeffer
250 g Filet vom Räucheraal
250 g geräucherte Forellenfilets
150 g Shrimps
1 EL Estragonblättchen

1. Die Stange Lauch an den Enden abschneiden, längs halbieren und unter fließendem Wasser waschen. In streichholzlange und dünne Streifen schneiden.
2. Die Möhren putzen, waschen und ebenfalls in dünne Streifen schneiden.
3. Das Gemüse in etwas Fischfond ca. 3 Minuten bißfest garen.
4. Den restlichen Fischfond, den Riesling und die Sahne zugeben.
5. Mit Salz und Pfeffer würzen.
6. Die Fischfilets in mundgerechte Stücke schneiden. Mit den Shrimps in die Suppe geben, erhitzen und mit Salz und Pfeffer würzen. Abschmecken.
7. Die Estragonblättchen in die Suppe rühren und die Fischsuppe sofort in vorgewärmten Suppentassen servieren.

Die geräucherten Fischfilets können auch mit frischen Fischfilets ausgetauscht werden.

Froschschenkelsuppe

Vorbereitungszeit: 25 Minuten

500 g Froschschenkel
3/4 l Geflügelfond
1 Bund Schnittlauch
1/8 l Sahne

Kochzeit: 5 Minuten

1/16 l Weißwein
Salz
Pfeffer

1. Die Froschschenkel waschen und abtropfen lassen.

2. Den Geflügelfond aufkochen, die Froschschenkel hineingeben und je nach Größe ca. 5 Minuten garen.

3. Die Froschschenkel mit einer Schaumkelle aus der Geflügelbrühe nehmen, entbeinen und in mundgerechte Stücke zerteilen.

4. Den Schnittlauch kalt abspülen, mit Küchenkrepp trocken tupfen und mit der Schere in feine Ringe schneiden.

5. Die Sahne, den Weißwein und die Froschschenkel in den Geflügelfond geben. Erhitzen, mit Salz und Pfeffer würzen und abschmecken.

6. Die Froschschenkelsuppe in vorgewärmte Suppentassen füllen und mit Schnittlauchringen bestreuen.

Kartoffelgratin

Vorbereitungszeit:
25 Minuten

1 Knoblauchzehe
1 TL Butter
500 g Kartoffeln
Salz

Kochzeit:
55 Minuten
+ Vorheizen des Backofens auf 170° C

$^{1}/_{4}$ l Sahne
$^{1}/_{8}$ l Vollmilch
50 g geriebener Emmentaler oder Gruyére

1. Die Knoblauchzehe schälen und eine entsprechend große feuerfeste Form damit ausreiben.
2. Die Form mit Butter ausstreichen.
3. Die Kartoffeln schälen, waschen, in dünne Scheiben schneiden und mit Salz würzen. Schuppenartig in der Form anordnen.
4. Die Sahne und die Vollmilch mischen und die Kartoffelscheiben damit begießen. Mit geriebenem Käse bestreuen.
5. Die feuerfeste Form auf den Rost in die mittlere Einschubleiste des Backofens schieben und das Karoffelgratin ca. 45 Minuten bei 170° C backen. 10 Minuten bei 220° C überbacken.

Kartoffelhäubchen

für 10 bis 12 Personen

Vorbereitungszeit: 20 Minuten

1 kg geschälte Kartoffeln
100 g Butter
1 Ei
4 Eigelb

Kochzeit: 30 Minuten

Salz
Muskat
1 TL Butter
1 Eigelb

1. Die Kartoffeln vierteln und in leicht gesalzenem Wasser zugedeckt ca. 20 Minuten kochen. Das Wasser abgießen und die Kartoffeln auf der Kochstelle unter wiederholtem Schütteln im Topf trocken dämpfen.
2. Die Kartoffeln durch eine Kartoffelpresse drücken.
3. Die Butter, das Ei und die 4 Eigelb mit dem Kartoffelpüree verrühren. Mit Salz und Muskat würzen.
4. Ein Backblech mit Butter ausstreichen.
5. Das Eigelb mit einigen Tropfen Wasser verquirlen.
6. Die warme Kartoffelmasse mit dem Spritzbeutel in kleinen Häufchen auf das Backblech spritzen und mit Eigelb bestreichen.
7. Das Backblech in die mittlere Einschubleiste des Backofens schieben und die Kartoffelhäubchen ca. 8 Minuten bei 220°C Farbe nehmen lassen.

Kerbelsuppe mit Forellenklößchen

Vorbereitungszeit:
20 Minuten

für die Forellenklößchen:
250 g Forellenfilet
1/4 l Sahne
1 Ei
Salz
Pfeffer

Alle Zutaten für die Forellenklößchen müssen gut durchgekühlt sein.

Kochzeit:
5 Minuten

für die Kerbelsuppe:
150 g Kerbel
3/4 l Geflügelfond
1/8 l Sahne
4 EL Weißwein, trocken
Salz
Pfeffer

1. Die Forellenfilets mit der Sahne fein pürieren und durch ein Sieb streichen.

2. Das Ei unterrühren und die Masse mit Salz und Pfeffer würzen. 1/2 Stunde im Kühlschrank zugedeckt ruhen lassen. Abschmecken.

3. Den Kerbel putzen, waschen, trocken tupfen und einige schöne Blättchen beiseite legen. Den restlichen Kerbel in etwas Geflügelfond erhitzen und ganz fein pürieren.

4. Den zurückbehaltenen Geflügelfond aufkochen. Mit einem nassen Kaffeelöffel von der Forellenmasse kleine Klößchen abstechen und in dem Geflügelfond ca. 5 Minuten, je nach Größe der Klößchen, garen. (Der Geflügelfond darf nicht mehr kochen.)

5. Die Sahne, den Weißwein und die pürierten Kerbelblättchen in die Suppe rühren. Mit Salz und Pfeffer würzen und erhitzen.

6. Die Kerbelsuppe abschmecken und in vorgewärmte Suppentassen füllen. Jeweils ein zurückbehaltenes Kerbelblättchen auf die Suppe legen.

Lachs in der Gemüsebeize

Vorbereitungszeit:
30 Minuten
+ 48 Stunden ziehen lassen

1 filierte Lachsseite mit Haut
$1\frac{1}{2}$ kg Gemüse
(Möhren,
Lauch,
Stangensellerie,
Wirsing etc.)
1 kg Meersalz

1. Den Lachs nach restlichen Gräten absuchen. Ganz kurz mit Wasser abspülen und mit Küchenkrepp trocken tupfen.
2. Das Gemüse putzen, waschen und kleinschneiden. Mit dem Meersalz mischen und 1/3 der Masse in der Größe des Lachsfilets auf eine entsprechend große längliche Platte geben.
3. Das Lachsfilet darauf legen und mit der restlichen Salz-Gemüsemasse bedecken.
4. Ca. 48 Stunden im Kühlschrank ziehen lassen.
5. Die Salz-Gemüsemischung entfernen und den Lachs von der Haut in feine Tranchen schneiden.

Dazu Baguette und Butter.

Lachsklöße auf Blattspinat mit aufgeschlagener Champagnersoße

Vorbereitungszeit: 35 Minuten

250 g Lachsfilet
1/4 l Sahne
1 Eiweiß
(Diese Zutaten müssen gut durchgekühlt sein.)
Salz
Pfeffer

Kochzeit: 30 Minuten

1/4 l Fischfond
1/4 l Sahne
1/16 l Champagner
375 g Blattspinat
30 g Butter
1/2 l Weißwein, trocken
1 Kräuterstrauß

1. Das Lachsfilet kalt abspülen, abtropfen lassen und mit Küchenkrepp trocken tupfen.

---

2. Das Lachsfleisch würfeln und mit $1/4$ l Sahne in kleinen Mengen kurz im Mixer pürieren.

---

3. Die Masse durch ein Sieb streichen. Das Eiweiß unterrühren, mit Salz und Pfeffer würzen und abschmecken. Im Kühlschrank eine Stunde ruhen lassen.

---

4. Den Fischfond und $1/4$ l Sahne sämig einkochen, den Champagner dazugeben, etwas einkochen und mit dem Pürierstab aufschlagen. Mit Salz und Pfeffer würzen.

---

5. Den Spinat waschen, gut abtropfen lassen, die Stiele abschneiden und die Blätter mit Küchenkrepp trocken tupfen.

---

6. Die Butter in einer Bratpfanne erhitzen, den Blattspinat hineingeben und unter wiederholtem Wenden anschwitzen. Auf ein Sieb schütten und mit einem Löffelrücken die überschüssige Flüssigkeit herausdrücken. Mit Salz und Pfeffer würzen.

---

7. Aus $1/2$ l Weißwein, $1/2$ l Wasser und dem Kräuterstrauß einen Fond herstellen. Leicht salzen und aufkochen.

---

8. Mit einem Eßlöffel aus der vorbereiteten Lachsmasse Klöße ausstechen, in den heißen Weinfond geben und ca. 8 Minuten bei Siedehitze garen.

---

9. Die Spinatblätter erhitzen und in der Mitte auf vorgewärmten Tellern anrichten.

---

10. Mit einer Schaumkelle die Lachsklöße aus dem Sud nehmen und zu dem Blattspinat anrichten.

---

11. Die Champagnersoße erhitzen, abschmecken und mit dem Pürierstab nochmals kurz aufschlagen. Die Lachsklöße mit der Champagnersoße angießen und sofort servieren.

Dazu feine Nudeln bißfest gekocht und in Butter geschwenkt. Statt Champagner kann man auch einen trockenen Weißwein für die Soße verwenden.

Marinierter Lachs mit Wachteleier

Vorbereitungszeit: 35 Minuten

1 TL grüner Pfeffer
2 Schalotten
2 Limonen
4 Wachteleier

Kochzeit: 2 Minuten 30 Sekunden

1 Bund Schnittlauch
320 g frisches Lachsfilet am Stück
50 g Olivenöl
Salz

1. Den grünen Pfeffer zerdrücken und durch ein Sieb streichen.

2. Die Schalotten schälen, feinhacken, eine Stunde in kaltes Wasser legen und anschließend auf einem Küchentuch trocknen.

3. Die Limonen auspressen.

4. Die Wachteleier 2 Minuten und 30 Sekunden kochen und in Eiswasser abschrecken. Schälen.

5. Den Schnittlauch waschen, mit Küchenkrepp trocken tupfen und mit der Schere in feine Ringe schneiden.

6. Das Lachsfilet schräg in hauchdünne Scheiben schneiden.

7. Die durchgestrichenen Pfefferkörner, die Hälfte Limonensaft mit dem Olivenöl und etwas Salz verrühren. $^2/_3$ dieser Mischung auf vier kalte Teller verteilen und die Lachsscheiben darauf anrichten. Nicht übereinander legen.

8. Die Lachsscheiben leicht mit Salz würzen und mit dem zurückbehaltenen Limonensaft mit einem Pinsel bestreichen.

9. Die restliche Olivenölmischung über den Lachs verteilen.

10. Die Schalotten und den Schnittlach über den Lachs streuen.

11. Die Wachteleier halbieren und auf dem Lachs dekorativ anordnen.

Dazu Stangenweißbrot.

Matjesfilets in pikanter Soße

Vorbereitungszeit: 10 Minuten

1 Bund Schnittlauch
2 Zwiebeln
¼ l saure Sahne
Salz
Pfeffer
Zitronensaft
8 Matjesfilets

1. Den Schnittlauch waschen, mit Küchenkrepp trocken tupfen und mit der Schere in feine Ringe schneiden.

2. Die Zwiebeln schälen und in dünne Scheiben schneiden.

3. Die saure Sahne mit dem Schnittlauch verrühren und mit Salz und Pfeffer würzen. Mit Zitronensaft abschmecken.

4. Die Sahnesoße auf eine tiefe Platte gießen.

5. Die Matjesfilets darauf anrichten und mit Zwiebelscheiben umlegen.
Gut gekühlt servieren.

Dazu Pellkartoffeln und Gurkensalat.

Matjesfilets mit Speckstippe

Vorbereitungszeit:
15 Minuten

2 Zwiebeln
250 g geräucherter durchwachsener Speck

Kochzeit:
10 Minuten

2 Zwiebeln
8 Matjesfilets
1 EL Dillspitzen

1. 2 Zwiebeln schälen und feinhacken.

2. Den geräucherten Speck in kleine Würfel schneiden und in einer Bratpfanne auslassen. Die feingehackten Zwiebeln dazugeben und in dem ausgelassenen Speck goldbraun werden lassen.

3. Die restlichen 2 Zwiebeln schälen und in dünne Scheiben schneiden.

4. Die Matjesfilets auf einer gut gekühlten Platte mit den Zwiebelscheiben anrichten, mit Dillspitzen bestreuen und mit heißer Speckstippe servieren.

Dazu Pellkartoffeln und grüner Salat oder in Butter geschwenkte Prinzeßbohnen.

Matjessalat

Vorbereitungszeit: 30 Minuten + 4 Stunden zum Durchziehen des Salates.

8 Matjesfilets
2 säuerliche Äpfel
2 Zwiebeln
2 Gewürzgurken
3/8 l saure Sahne
Salz
Pfeffer
1 TL Wacholderbeeren

1. Die Matjesfilets in 3 cm breite Stücke schneiden.

2. Die Äpfel schälen, das Kerngehäuse entfernen und die Äpfel in dünne Scheiben schneiden.

3. Die Zwiebeln schälen, in feine Scheiben schneiden.

4. Die Gewürzgurken in kleine Würfel schneiden.

5. Die saure Sahne mit Salz und Pfeffer würzen und die Wacholderbeeren dazugeben.

6. In einen hohen Steinguttopf oder in eine hohe Schüssel die vorbereiteten Zutaten lagenweise schichten.

7. Die saure Sahne darüber gießen und den Matjessalat ca. 4 Stunden durchziehen lassen.
Gut gekühlt servieren.

Dazu Pellkartoffeln und gemischter Salat.

Räucherlachsterrine mit Kräutercreme

für 10 Personen

Vorbereitungszeit: 30 Minuten

+ 2 Stunden für das Festwerden der Terrine

Alle Zutaten gut durchkühlen lassen

5 Blatt weiße Gelatine
250 g geräucherten Lachs
3/8 l Sahne
Salz
Pfeffer
Sonnenblumenöl
50 g Keta-Kaviar

für die Kräutercreme:

250 g Creme fraîche
3 EL feingehackte Kräuter (Petersilie, Dill, Kerbel)
Salz
Pfeffer
50 Estragonblättchen

1. Die Gelatine in reichlich kaltem Wasser ca. 5 Minuten einweichen.
2. Den geräucherten Lachs kleinschneiden und mit einigen Eßlöffel Sahne in kleinen Mengen im Mixer oder mit dem Pürierstab des Handrührgerätes pürieren.
3. Den pürierten Lachs durch ein feines Sieb streichen.
4. Die restliche Sahne steif schlagen und unter den pürierten Lachs heben.
5. Die Gelatine ausdrücken. In einem kleinen Topf erhitzen und wiederholt rühren, bis sie sich völlig aufgelöst hat. Ein wenig abkühlen lassen und sorgfältig unter die Lachsmasse mischen.
6. Mit Salz und Pfeffer würzen.
7. Eine entsprechend große Form mit Sonnenblumenöl ausstreichen.
8. Die eine Hälfte der Masse in die Form geben, glattstreichen und mit einem Teelöffel in der Mitte eine Rille ziehen.
9. Den Keta-Kaviar in die Rille füllen.
10. Die restliche Lachsmasse darauf verteilen, glattstreichen und im Kühlschrank festwerden lassen.
11. Die Kräuter fein pürieren und unter die Creme fraîche rühren. Mit Salz und Pfeffer würzen.
12. Nach dem Festwerden die Räucherlachsterrine auf ein Brett stürzen, in Scheiben schneiden und mit etwas Kräutercreme auf gekühlten flachen Tellern anrichten.
13. Mit einigen Estragonblättchen garnieren.

Dazu Stangenweißbrot.

Thunfischsalat

Vorbereitungszeit: 20 Minuten

1 Dose Thunfisch ca. 200 g
1/2 Kopf Frisée-Salat
2 hartgekochte Eier
1 EL Estragonessig
3 EL Sonnenblumenöl
Salz
Pfeffer
1 Zwiebel

1. Den Thunfisch auf ein Sieb schütten und das Öl gut abtropfen lassen.
2. Vom Frisée-Salat die zarten gelben Blätter abzupfen, waschen, halbieren und trocken tupfen.
3. Die Eier schälen und achteln.
4. Den Estragonessig mit dem Sonnenblumenöl mischen und mit Salz und Pfeffer würzen.
5. Die Salatblätter mit der Salatsoße überziehen.
6. Den Thunfisch in mundgerechte Stücke zerteilen und unter den Salat heben.
7. Die Zwiebel schälen, in dünne Scheiben schneiden und über den Thunfischsalat streuen.
8. Auf Salattellern anrichten und mit den Eiachteln garnieren.

Terrine von geräucherten Forellen- und Aalfilets

Vorbereitungszeit: 20 Minuten **+ Festwerden der Terrine ca. 2 Stunden**

7 Blatt weiße Gelatine
1/2 l Riesling, trocken
1 TL Öl
4 geräucherte Forellenfilets
400 g geräucherte Aalfilets
1 EL Estragonblättchen

1. Die Gelatine 5 Minuten in kaltem Wasser einweichen.
2. 1/8 l Riesling erhitzen. Die Gelatine ausdrücken, in den erhitzten Riesling geben und unter wiederholtem Umrühren auflösen. Die aufgelöste Gelatine in den zurückbehaltenen Riesling gießen und gut verrühren.
3. Die Gelatine im Kühlschrank etwas dickflüssig werden lassen.
4. Eine entsprechend große Terrinenform mit Öl ausstreichen.
5. Die Forellen- und Aalfilets in fingerdicke Streifen schneiden.
6. Die Estragonblättchen kalt abspülen und trocken tupfen.
7. Den Boden der Terrinenform mit der Gelatine bedecken und dekorativ mit Estragonblättchen belegen.
8. Die Forellen- und Aalfiletstreifen lagenweise in die Form schichten und jede Lage mit etwas Gelatine überziehen.
9. Die Filets zum Schluß mit der restlichen Gelatine bedecken und festwerden lassen.
10. Nach dem Erstarren die Terrine auf ein Holzbrett stürzen, in fingerdicke Scheiben schneiden und auf kalten Tellern servieren.

Dazu Meerrettichsahne, Feldsalat und gebutterter Toast.

Fischgerichte gebraten, geräuchert

UND GEGRILLT

Baby-Seezungen gebraten mit Pfifferlingen und Knoblauchbutter

Vorbereitungszeit: 30 Minuten

4 Baby-Seezungen
Salz
Pfeffer
2 Schalotten
100 g Butter

Kochzeit: 8 Minuten

1 Knoblauchzehe
3 EL Olivenöl
200 g Pfifferlinge
30 g Butter

1. Von den Baby-Seezungen die schwarze Haut am Schwanzende quer einschneiden und mit einem Küchenmesser an den Seiten 1 cm der Haut lösen. Dann die Haut mit einem Tuch anfassen und abziehen.

2. Die Baby-Seezungen ausnehmen und waschen.

3. Den Kopf und die Schwanz- und Seitenflossen abschneiden.

4. Die Seezungen mit Küchenkrepp etwas trocken tupfen und mit Salz und Pfeffer würzen.

5. Die Schalotten schälen, feinhacken und in einer großen Bratpfanne in Butter glasig dünsten. Die Seezungen dazugeben und ca. 2 Minuten von jeder Seite braten.

6. Die Knoblauchzehe schälen und durch die Knoblauchpresse drücken. In Olivenöl anschwitzen. Die restliche Butter zugeben und erhitzen.

7. Die Pfifferlinge sorgfältig putzen und evtl. ganz kurz unter fließendem Wasser abspülen. Große Pfifferlinge kleinschneiden.

8. Erst ganz kurz vor dem Servieren Butter in einer Bratpfanne erhitzen. Die Pfifferlinge mit Salz und Pfeffer würzen und ca. 1½ Minuten unter wiederholtem Wenden dünsten. Bei zu langer Garzeit verlieren die Pfifferlinge Flüssigkeit und ihren Biß.

9. Die Seezungen filieren und mit den Pfifferlingen auf vorgewärmten Tellern anrichten. Mit der Knoblauchbutter angießen.

Dazu wilder Reis.

Barschfilets (Egli) mit Limonensoße

Vorbereitungszeit: 10 Minuten

600 g Barschfilets
2 Schalotten
1 TL Butter
1/4 l Fischfond
200 g Creme Fraîche

Kochzeit: 12 Minuten

Salz
Pfeffer
Saft von einer Limone
45 g Butter

1. Die Barschfilets kalt abspülen und mit Küchenkrepp trocken tupfen.

2. Die Schalotten schälen, feinhacken und in Butter glasig dünsten.

3. Den Fischfond bis auf wenige Eßlöffel sämig einkochen. Creme fraîche unterrühren, erhitzen und mit Salz, Pfeffer und Limonensaft würzen.

4. Abschmecken und mit dem Pürierstab des Handrührgerätes aufschlagen.

5. Etwas Butter in einer Bratpfanne erhitzen. Die Barschfilets mit Salz und Pfeffer würzen und in zwei Portionen von jeder Seite ca. 1 Minute braten.

6. Die Barschfilets auf vorgewärmten Tellern anrichten und mit der Limonensoße angießen.

Dazu Zucchini und Kartoffelhäubchen.

Blaufelchen mit Gurkenwürfel

Vorbereitungszeit: 10 Minuten

1/4 l Fischfond
1/4 l Riesling
2 Dillzweige
2 Eigelb
100 g kalte Butter
Salz

Kochzeit: 20 Minuten

Pfeffer
1 kleine Salatgurke
1/8 l Weißwein, trocken
8 Felchenfilets
35 g Butter
1 TL Dillspitzen

1. Den Fischfond mit dem Riesling und den Dillzweigen im geöffneten Kochtopf auf $^1/_8$ l Flüssigkeit einkochen. Anschließend die Dillzweige herausnehmen.

2. In die noch heiße Flüssigkeit das Eigelb mit dem Pürierstab des Handrührgerätes einrühren. Dann die kalte Butter in kleinen Portionen zugeben und mit dem Pürierstab gut einarbeiten.

3. Mit Salz und Pfeffer würzen.

4. Die Salatgurke schälen, halbieren und mit einem Teelöffel die Kerne herausschaben. Die Gurkenhälften in Streifen und dann in kleine Würfel schneiden.

5. Die Gurkenwürfel in leicht gesalzenem Weißwein ca. 3 Minuten glasig, aber noch bißfest köcheln.

6. Auf ein Sieb schütten und gut abtropfen lassen.

7. Die Felchenfilets leicht mit Salz und Pfeffer würzen.

8. Etwas Butter in einer Bratpfanne erhitzen und die Felchenfilets darin von jeder Seite ca. $1^1/_2$ Minuten braten.

9. Kurz vor dem Servieren die Gurkenwürfel in etwas Soße erhitzen.

10. Die Felchenfilets mit den Gurkenwürfeln auf vorgewärmten Tellern anordnen, mit der Soße angießen und mit Dillspitzen bestreuen.

Dazu kleine Pellkartoffeln.

Bratheringe, eingelegt

Vorbereitungszeit: 35 Minuten

4 grüne Heringe
Salz
1 EL Zitronensaft
2 EL Weizenmehl
50 g Butter

Kochzeit: 10 Minuten

für die Marinade:
1 Zwiebel
1/4 l Weißweinessig
1/4 l Wasser
1 Lorbeerblatt
1/2 TL Senfkörner
Salz

1. Die Heringe schuppen, ausnehmen und waschen. Flossen und Köpfe abschneiden. Mit Küchenkrepp trocken tupfen.

2. Mit Salz würzen und mit Zitronensaft beträufeln.

3. Die grünen Heringe in Weizenmehl wenden und überschüssiges Weizenmehl abklopfen.

4. Butter in einer Bratpfanne erhitzen und die grünen Heringe von jeder Seite ca. 4 Minuten braten.

5. Die Zwiebeln schälen, in feine Ringe schneiden und mit den restlichen Zutaten für die Marinade aufkochen. Die Marinade abschmecken.

6. Die gebratenen Heringe in eine Schüssel legen und mit der Marinade übergießen.

7. Die Schüssel zugedeckt in den Kühlschrank stellen und die Bratheringe über Nacht durchziehen lassen.

Dazu Bratkartoffeln oder Kartoffelsalat.

Crêpes (kleine Pfannkuchen) mit geräuchertem Lachs und Kräutercreme

Vorbereitungszeit: 25 Minuten

5 Eier
Salz
1/4 l Milch
1/8 l Sahne
150 g Weizenmehl
1 EL Cognac

Kochzeit: 30 Minuten

65 g Butter
250 g geräucherter Lachs in Scheiben
3 EL feingehackte Kräuter (Petersilie, Schnittlauch, Dill)
5 EL Sahne
150 g Creme fraîche
Pfeffer

1. Die Eier mit einer Prise Salz verquirlen. Die Milch und die Sahne unterrühren.

2. Das Weizenmehl durchsieben und mit der Eiersahne und dem Cognac verrühren.

3. Etwas Butter in einer Bratpfanne erhitzen und möglichst dünne, kleine Pfannkuchen goldbraun backen.

4. Die Pfannkuchen erkalten lassen, mit geräuchertem Lachs belegen und aufrollen.

5. Die Kräuter ganz fein pürieren. Die Sahne und Creme fraîche dazugeben, verrühren und die Kräutercreme mit Salz und Pfeffer würzen. Abschmecken.

6. Die Pfannkuchen auf flachen Tellern mit etwas Kräutercreme anrichten.

Man kann diese Crêpes auch auf eine Platte legen, im Backofen erwärmen und warm servieren.

Filet vom Loup de mer (Wolfsbarsch) auf grüner Soße

Vorbereitungszeit: 30 Minuten

3 Schalotten
1 EL Weißweinessig
6 EL Weißwein, trocken
1/8 l Fischfond
100 g kalte Butter für die Soße
Salz

Kochzeit: 20 Minuten

Pfeffer
1 Loup de mer ca. 900 g
30 g Weizenmehl
50 g Butter
1 Bund Schnittlauch

1. Die Schalotten schälen, feinhacken und mit dem Weißweinessig, dem Weißwein und dem Fischfond in einen Topf geben. Auf knapp die Hälfte Flüssigkeit einkochen.

2. Die kalte Butter mit dem Pürierstab des Handrührgerätes in kleinen Portionen einarbeiten. Mit Salz und Pfeffer würzen.

3. Den Loup de mer ausnehmen und filieren. Die Filets kalt abspülen und mit Küchenkrepp trocken tupfen.

4. Leicht mit Salz und Pfeffer würzen, in Weizenmehl wenden und überschüssiges Weizenmehl abklopfen.

5. Butter in einer Bratpfanne erhitzen und die Fischfilets darin von jeder Seite ca. 2 Minuten braten.

6. Den Schnittlauch waschen, kleinschneiden und im Mixer pürieren. Die grüne Flüssigkeit durch ein Sieb in die Soße rühren.

7. Die grüne Soße erhitzen, abschmecken und einen Spiegel auf vorgewärmte Teller gießen.

8. Die Filets vom Loup de mer auf der grünen Soße anrichten.

Dazu Gemüsereis.

Filet vom Saibling mit Tomatensoße

Vorbereitungszeit: 20 Minuten

250 g Tomaten
2 Schalotten
1 TL Butter
1/4 l Fischfond
Salz
Pfeffer

Kochzeit: 15 Minuten

Basilikum
85 g kalte Butter
2 EL Creme fraîche
750 g Filet vom Saibling
3 EL Butter

1. Die Tomaten in kochendes Wasser tauchen, in Eiswasser abschrecken und die Haut abziehen. Den Stielansatz und die Kerne entfernen.
2. Die Schalotten schälen, feinhacken und in Butter glasig dünsten.
3. Das Tomatenfleisch würfeln, dazugeben und andünsten. Mit den Schalotten mit dem Pürierstab des Handrührgerätes fein pürieren.
4. Den Fischfond bis auf wenige Eßlöffel einkochen. Das Tomatenpüree unterrühren und erhitzen. Mit Salz, Pfeffer und einem Hauch Basilikum würzen.
5. Die kalte Butter löffelweise in die Soße einarbeiten und die 2 Eßlöffel Creme fraîche unterrühren. Abschmecken.
6. Das Filet vom Saibling kalt abspülen, mit Küchenkrepp trocken tupfen und noch vorhandene Gräten mit einer kleinen Zange herausziehen.
7. Mit Salz und Pfeffer würzen.
8. Etwas Butter in einer Bratpfanne erhitzen und die Fischfilets in mehreren Portionen von jeder Seite ca. 2 Minuten braten.
9. Die Filets vomn Saibling auf vorgewärmten Tellern anordnen.
10. Die Tomatensoße erhitzen und die Filets damit angießen.

Dazu Reis und Broccoli.

Flundern mit Apfelscheiben in Cidre

Vorbereitungszeit: 25 Minuten

2 säuerliche Äpfel
1/4 l Cidre
4 Flundern
1/8 l Fischfond
1/8 l Cidre
1/8 l Sahne

Kochzeit: 20 Minuten

100 g Creme fraîche
Salz
Pfeffer
50 g Butter
1 EL Estragonblättchen

1. Die Äpfel schälen, in Scheiben schneiden und in Cidre, je nach Reifegrad der Äpfel ca. 3 Minuten bißfest garen.

2. Die Flundern ausnehmen, enthäuten und filieren. Kalt abspülen und mit Küchenkrepp trocken tupfen.

3. Den Fischfond mit dem Cidre und der Sahne sämig einkochen. Creme fraîche unterrühren, erhitzen und mit Salz und Pfeffer würzen.

4. Die Flunderfilets mit Salz und Pfeffer würzen.

5. Butter in einer Bratpfanne erhitzen und die Flunderfilets in zwei Portionen von jeder Seite ca. 2 Minuten braten.

6. Auf vorgewärmten Tellern anrichten. Die Soße erhitzen, abschmecken und die Filets damit überziehen. Mit Estragonblättchen bestreuen.

7. Die Apfelscheiben erhitzen, abtropfen lassen und dekorativ auf den Tellern anrichten.

Flußbarschfilets (Egli) mit Safranrisotto

Vorbereitungszeit: 10 Minuten

1 Zwiebel
60 g Butter
1 Tasse Reis
1 Tasse Geflügelbrühe
1 Tasse Weißwein, trocken

Kochzeit: 30 Minuten

Salz
Pfeffer
Safran
600 g Flußbarschfilets
1 EL Dillspitzen

1. Die Zwiebel schälen, feinhacken und in etwas Butter glasig dünsten.

2. Den Reis zugeben, andünsten und mit der Geflügelbrühe und dem Weißwein ablöschen. Zugedeckt den Reis ca. 20 Minuten bei schwacher Temperatur quellen lassen.

3. Mit Salz und Pfeffer würzen und mit Safran Farbe nehmen lassen. Abschmecken.

4. Die Flußbaschfilets kalt abspülen, mit Küchenkrepp trocken tupfen und mit Salz und Pfeffer würzen.

5. Etwas Butter in der Bratpfanne erhitzen und die Flußbarschfilets von jeder Seite ca. 2 Minuten braten.

6. Auf vorgewärmten Tellern die Flußbarschfilets mit dem Safranrisotto anrichten und den Fisch mit Dillspitzen bestreuen.

Dazu Tomatensalat.

Forellenschaum mit Spinatsalat

für 8 – 10 Personen

Vorbereitungszeit: 30 Minuten

6 Blatt weiße Gelatine
250 g geräucherte Forellenfilets
3/8 l Sahne
Salz
Pfeffer
Sonnenblumenöl

+ ca. 1 1/2 Stunden für das Festwerden des Forellenschaums.

für den Spinatsalat:
500 g jungen Spinat
5 EL Sherryessig
12 EL Walnuß- oder Sonnenblumenöl
1 EL feingehackte Schalotten
Salz
Pfeffer

1. Die Gelatine in reichlich kaltem Wasser ca. 5 Minuten einweichen.
2. Die geräucherten Forellenfilets kleinschneiden und mit etwas Sahne in kleinen Mengen im Mixer pürieren.
3. Die Masse durch ein feines Sieb streichen.
4. Die Gelatine ausdrücken, in einigen Eßlöffel erhitzter Sahne auflösen und unter die pürierte Forellenmasse mischen.
5. Die restliche Sahne steif schlagen und sorgfältig unterziehen.
6. Mit Salz und Pfeffer würzen und abschmecken.
7. Kleine Portionsförmchen mit Sonnenblumenöl ausstreichen, die vorbereitete Masse einfüllen und glattstreichen.
8. Die Förmchen in den Kühlschrank stellen und die Masse in ca. 1½ Stunden festwerden lassen.
9. Den Spinat waschen, trocken tupfen und die Stiele abschneiden.
10. Aus den restlichen Zutaten einen Dressing herstellen.
11. Den Spinat dekorativ auf gekühlten Tellern anrichten und mit dem Dressing bestreichen.
12. Den Forellenschaum aus den Förmchen auf den Salatteller stürzen und servieren.

Dazu Stangenweißbrot

Froschschenkel mit Salat von gekräuselter Endivie

Vorbereitungszeit: 35 Minuten

3 Schalotten
1 Knoblauchzehe
2 TL Estragonblättchen
500 g Froschschenkel
Salz
Pfeffer
50 g Butter
1 Kopf Endiviensalat

Kochzeit: 8 Minuten

für das Dressing:
1 EL Zitronensaft
2 EL Sherryessig
9 EL Olivenöl
Salz
Pfeffer

1. Die Schalotten und die Knoblauchzehe schälen und feinhacken.
2. Die Estragonblättchen abspülen, trocken tupfen und kleinschneiden.
3. Die Froschschenkel mit kaltem Wasser abspülen, mit Küchenkrepp trocken tupfen und mit Salz und weißem Pfeffer würzen.
4. Die Schalotten, die Knoblauchzehe und die Estragonblättchen mischen und mit den Froschschenkeln in mehreren Portionen in Butter unter wiederholtem Wenden je nach Größe jeweils ca. 2 Minuten braten.
5. Die Froschschenkel abkühlen lassen und entbeinen.
6. Aus den angegebenen Zutaten einen Dressing herstellen.
7. Die Herzblätter des Salates ablösen, waschen und trocken tupfen.
8. Den Salat mit dem Dressing überziehen und mit den Froschschenkeln dekorativ auf flachen Tellern anrichten.

Dazu Stangenweißbrot.

Gegrillte Dorade (Goldbrassen) mit Ingwersoße

Vorbereitungszeit: 25 Minuten

2 Doraden à ca. 500 g
1 EL Butter
Salz
Pfeffer
2 Petersilienstiele
Öl

Grill- und Kochzeit: 25 Minuten

1/4 l Fischfond
200 g Schmand
1 TL feingeriebener Ingwer
2 EL Zitronensaft
1 EL Blätter von glatter Petersilie

1. Die Doraden ausnehmen und waschen. Mit Küchenkrepp trocken tupfen.

2. Mit zerlassener Butter bestreichen und mit Salz und Pfeffer würzen. Die Petersilienstiele waschen und in die Bauchöffnung legen.

3. Den Grillrost mit Öl bestreichen, damit die Doraden nicht nach dem Grillen mit der Haut hängen bleiben.

4. Die Doraden auf den Rost legen und in die Mitte in den Grill schieben.

5. Von jeder Seite ca. 5 Minuten grillen.

6. Den Fischfond bis auf wenige Eßlöffel einkochen. Den Schmand unterrühren und köcheln, bis die gewünschte Konsistenz erreicht ist.

7. Den Ingwer dazugeben und mit Salz, Pfeffer und Zitronensaft würzen. Abschmecken.

8. Die Doraden filieren und auf vorgewärmten Tellern anrichten. Mit der Soße angießen und mit glatter Petersilie garnieren.

Dazu Reis.

Gegrillte Haisteaks mit Joghurtcreme

Vorbereitungszeit: 15 Minuten

100 g Vollmilchjoghurt
3 EL Creme fraîche
1 EL feingehackte Kräuter
(Dill, Schnittlauch, Petersilie)
Zitronensaft

Grillzeit: 8 Minuten

Salz
Pfeffer
4 Haisteaks
1 EL flüssige Butter
1 Zitrone

1. Den Vollmilchjoghurt mit der Creme fraîche verrühren.

2. Die Kräuter unterrühren und mit einigen Tropfen Zitronensaft, Salz und Pfeffer würzen. Abschmecken und bis zum Servieren kühl stellen.

3. Die Haisteaks kalt abspülen, mit Küchenkrepp trocken tupfen und mit Salz und Pfeffer würzen.

4. Mit flüssiger Butter bestreichen und von jeder Seite je nach Dicke der Steaks ca. 4 Minuten grillen.

5. Die Zitrone achteln.

6. Die Haisteaks auf vorgewärmten Tellern anrichten und mit den Zitronenachteln garnieren.

7. Die Joghurtcreme separat dazu servieren.

Dazu Bratkartoffeln und grünen Salat.

Gegrillte Makrelen mit Selleriesalat

Vorbereitungszeit: 20 Minuten

für den Selleriesalat:
4 EL Mayonnaise
2 EL Creme fraîche
Salz
Pfeffer
Zitronensaft
1 kleinen säuerlichen Apfel
1/2 Knolle Sellerie

Grillzeit: 8 Minuten

4 Makrelen
Salz
Pfeffer
2 EL flüssige Butter

1. Die Mayonnaise mit Creme fraîche verrühren und mit Salz, Pfeffer und Zitronensaft würzen.
2. Den Apfel und den Sellerie schälen und mit der Rohkostraffel raffeln. Sofort mit der Mayonnaise überziehen, damit der Apfel und der Sellerie nicht braun werden.
3. Mit Salz und Pfeffer würzen und abschmecken.
4. Die Makrelen ausnehmen, waschen und mit Küchenkrepp trocken tupfen.
5. Mit Salz und Pfeffer würzen und mit flüssiger Butter bestreichen.
6. Die Makrelen von jeder Seite je nach Größe ca. 4 Minuten grillen.
7. Filieren und mit dem Selleriesalat anrichten.

Geräucherte Forellenfilets mit Dillcreme

Vorbereitungszeit: 15 Minuten

4 Forellen
Salz
Räucherkräuter
2 Bund Dill

Räucherzeit: 30 Minuten

150 g Creme fraîche
Pfeffer
4 Dillstengel

1. Die Forellen ausnehmen, säubern und waschen. Mit Küchenkrepp trocken tupfen.
2. Innen kräftig salzen und im Räucherkasten (im Handel für Fischereibedarf erhältlich) mit Spezial-Räuchermehl ca. 30 Minuten räuchern.
3. Den Dill kalt abspülen und mit Küchenkrepp trocken tupfen. Die Spitzen abzupfen und feinhacken.
4. Creme fraîche mit Salz und Pfeffer würzen und den Dill unterrühren. Abschmecken.
5. Die noch warmen Forellen filieren und mit der Dillcreme und einem Dillstengel anrichten.

Dazu Sellerie- oder Apfelsalat.

Hähnchenbrust mit Jakobsmuscheln, Shrimps und Gemüsestreifen

Vorbereitungszeit: 20 Minuten

1 kleine Stange Lauch
125 g Möhren
100 g Butter
Salz
400 g Jakobsmuscheln ohne Schale
1/2 l Geflügelbrühe

Kochzeit: 15 Minuten

1/8 l Weißwein, trocken
150 g Creme fraîche
Pfeffer
4 Hähnchenbrüste ohne Haut und Knochen
200 g Shrimps

1. Den Lauch und die Möhren putzen, waschen und in 3 cm lange ganz feine Streifen schneiden. In etwas Butter andünsten und mit Salz würzen.

2. Die Jakobsmuscheln säubern, kalt abspülen und mit Küchenkrepp trocken tupfen.

3. Die Geflügelbrühe mit dem Weißwein in einen Kochtopf geben und bis auf wenige Eßlöffel einkochen. Creme fraîche unterrühren und mit Salz und Pfeffer würzen.

4. Die Hähnchenbrüste mit Salz und Pfeffer würzen und von jeder Seite ca. 1½ Minuten in Butter braten.

5. Die Gemüsestreifen in die Soße geben und aufkochen. Die Soße abschmecken. Die Shrimps in die Soße geben und heiß werden lassen (nicht kochen).

6. Die Jakobsmuscheln mit Salz und Pfeffer würzen.

7. Etwas Butter in einer Bratpfanne erhitzen und die Jakobsmuscheln von jeder Seite je nach Größe ca. 1 Minute braten.

8. Die Hähnchenbrüste mit den Jakobsmuscheln auf vorgewärmten Tellern anrichten und mit der Soße umgießen.

Dazu Spätzle.

Heilbuttscheiben mit Kohlrabiflan und Safrancreme

Vorbereitungszeit:
30 Minuten

für den Kohlrabiflan:
450 g geschälte Kohlrabi
1/4 l Sahne
Salz
Pfeffer
4 Eier
1 EL Butter

Kochzeit:
Kohlrabiflan ca. 30 Minuten
+ Vorheizen des Backofens auf 180° C
Heilbuttscheiben und Safrancreme ca. 20 Minuten

1/4 l Fischfond
200 g Creme fraîche
Safran
600 g Heilbuttfilet
Salz
Pfeffer
50 g Butter

1. Die Kohlrabi in Würfel schneiden, mit der Sahne in einen Kochtopf geben und ca. 5 Minuten zugedeckt weich kochen.
2. Etwas abkühlen lassen, mit dem Pürierstab fein pürieren und mit Salz und Pfeffer würzen.
3. Die Eier verquirlen und unter die pürierte Masse ziehen. Abschmecken.
4. Portionsförmchen sorgfältig mit Butter ausstreichen und die Masse einfüllen.
5. Das Backblech mit Wasser bedecken, die Förmchen hineinstellen und in die mittlere Einschubleiste des Backofens schieben. Je nach Größe der Förmchen den Kohlrabiflan ca. 30 Minuten bei 180° C garen.
6. Den Fischfond sämig einkochen. Creme fraîche unterrühren und erhitzen. Mit Salz und Pfeffer würzen und mit etwas Safran Farbe nehmen lassen.
7. Das Heilbuttfilet kalt abspülen, mit Küchenkrepp trocken tupfen und in 2 cm dicke Scheiben schneiden. Mit Salz und Pfeffer würzen.
8. Etwas Butter in der Bratpfanne erhitzen und die Heilbuttscheiben in mehreren Portionen von jeder Seite ca. 1½ Minuten braten.
9. Die Heilbuttscheiben auf vorgewärmten Tellern anrichten.
10. Den Kohlrabiflan jeweils auf den Teller zu den Heilbuttscheiben stürzen.
11. Die Safrancreme erhitzen, abschmecken und die Heilbuttscheiben damit angießen.

Dazu trockener Reis.

Kabeljaufilet auf Tomatensoße

Vorbereitungszeit: 25 Minuten

$^1/_4$ l Fischfond
$^1/_4$ l Sahne
250 g Tomaten
1 Zwiebel
1 TL Butter
$^1/_8$ l Weißwein, trocken
Salz

Kochzeit: 15 Minuten

Pfeffer
1 Prise Zucker
Basilikum
Oregano
600 g Kabeljaufilet
45 g Butter

1. Den Fischfond mit der Sahne sämig einkochen.

2. Die Tomaten in kochendes Wasser tauchen und in Eiswasser abschrecken. Die Haut abziehen und den Stielansatz entfernen. Vierteln.

3. Die Zwiebel schälen, in Scheiben schneiden und in Butter glasig dünsten. Den Weißwein und die Tomaten zugeben und ca. 4 Minuten köcheln. Mit dem Pürierstab des Handrührgerätes pürieren und durch ein Sieb streichen.

4. Die Sahne mit dem Tomatenpüree verrühren und evtl. noch etwas einkochen, bis die gewünschte Konsistenz erreicht ist.

5. Mit Salz, Pfeffer, einer Prise Zucker, Basilikum und Oregano würzen.

6. Den Kabeljau kalt abspülen, mit Küchenkrepp trocken tupfen und mit Salz und Pfeffer würzen. Portionieren.

7. Etwas Butter in einer Bratpfanne erhitzen und den Kabeljau je nach Dicke der Scheiben ca. 2 Minuten von jeder Seite braten.

8. Die Soße erhitzen, abschmecken und auf vorgewärmten Tellern einen Spiegel gießen. Die Kabeljaufilets darauf anrichten.

Dazu Petersilienkartoffeln.

Lachsschnitzel auf Kräutercreme

Vorbereitungszeit: 15 Minuten

Kochzeit: 20 Minuten

1/4 l Fischfond
200 g Creme fraîche
Salz
Pfeffer
600 g Lachsfilet am Stück
je 1 TL feingehackte Petersilie, Schnittlauch und Dill
Zitronensaft
45 g Butter
4 frische Dillzweige zum Garnieren

1. Den Fischfond etwas sämig einkochen, Creme fraîche unterrühren, erhitzen und mit Salz und Pfeffer würzen.

2. Mit den Fingerspitzen das Lachsfilet nach Gräten absuchen und vorhandene Gräten mit einer kleinen Zange herausziehen.

3. Den Lachs kalt abspülen und mit Küchenkrepp trocken tupfen.

4. Quer zur Faser waagerecht in dünne Scheiben schneiden.

5. Die Kräuter in die Soße rühren. Erhitzen, abschmecken und mit einigen Tropfen Zitronensaft abrunden.

6. Die Lachsschnitzel leicht mit Salz und Pfeffer würzen.

7. Etwas Butter in der Bratpfanne erhitzen und die Lachsschnitzel ca. 35 Sekunden von jeder Seite in mehreren Portionen braten.

8. Von der Kräutercreme auf vorgewärmten Tellern einen Spiegel gießen. Die Lachsschnitzel darauf anrichten und jeweils mit einem Dillzweig garnieren.
Sofort servieren.

Dazu Stangenweißbrot.

Maischolle mit Speckwürfel

Vorbereitungszeit: 15 Minuten

150 g geräucherter durchwachsener Speck
4 Schollen küchenfertig

Kochzeit: 10 Minuten

Salz
Pfeffer
2 Zitronen

1. Den Speck in Würfel schneiden und in einer Bratpfanne auslassen.
2. Die Speckwürfel aus der Bratpfanne nehmen und beiseite stellen.
3. Die Schollen kalt abspülen und mit Küchenkrepp trocken tupfen. Innen und außen mit Salz und Pfeffer würzen und in dem ausgelassenen Speck von jeder Seite ca. 3 Minuten braten.
4. Die Schollen auf vorgewärmten Tellern anrichten.
5. Die Speckwürfel in der Bratpfanne erhitzen und über die Schollen verteilen.
6. Die Zitronen achteln und zu den Schollen servieren.

Dazu Bratkartoffeln und grüner Salat.

Merlane mit Knoblauchbutter und grünen Bohnen

Vorbereitungszeit: 25 Minuten

250 g grüne Bohnen
Salz
2 Schalotten
4 Knoblauchzehen
100 g Butter

Kochzeit: 15 Minuten

Pfeffer
4 Merlane je Stück ca. 300 g
45 g Weizenmehl
80 g Butter

1. Die grünen Bohnen putzen und in leicht gesalzenem Wasser im offenen Kochtopf ca. 8 Minuten kochen.
2. Das Wasser von den Bohnen abgießen und die Bohnen in leicht gesalzenem Eiswasser abschrecken. Gut abtropfen lassen.
3. Die Schalotten und die Knoblauchzehen schälen, durch die Knoblauchpresse drücken und unter die Butter mischen. Mit Salz würzen.
4. Aus der Knoblauchbutter eine Rolle formen, in Folie wickeln und im Kühlschrank festwerden lassen.
5. Die Merlane ausnehmen, waschen und mit Küchenkrepp trocken tupfen.
6. Mit Salz und Pfeffer würzen.
7. Die Merlane in Weizenmehl wenden. Überschüssiges Weizenmehl abklopfen.
8. Etwas Butter in einer Bratpfanne erhitzen und die Merlane von jeder Seite ca. 3 1/2 Minuten braten.
9. Die restliche Butter erhitzen und die grünen Bohnen darin warm schwenken. Abschmecken und auf vorgewärmten Tellern anrichten.
10. Die Merlane zu den Bohnen anordnen.
11. Die Knoblauchbutter in dicke Scheiben schneiden und jeweils eine Scheibe Knoblauchbutter auf die Merlane setzen. Sofort servieren.

Dazu Bouillon-Kartoffeln.

Schellfisch mit Senfsoße

Vorbereitungszeit: 10 Minuten

4 Scheiben Schellfischfilet
Salz
Pfeffer
45 g Butter
1/4 l Fischfond

Kochzeit: 20 Minuten

200 g Creme fraîche
2 TL Dijon-Senf
Zitronensaft
1 Prise Zucker

1. Den Schellfisch kalt abspülen, mit Küchenkrepp trocken tupfen und mit Salz und Pfeffer würzen.

2. Butter in einer Bratpfanne erhitzen und den Schellfisch bei mittlerer Temperatur von jeder Seite je nach Dicke der Scheiben ca. 3 Minuten braten.

3. Den Fischfond bis auf wenige Eßlöffel einkochen. Creme fraîche und den Dijon-Senf unterrühren. Mit Zitronensaft, einer Prise Zucker, Salz und Pfeffer würzen und abschmecken.

4. Den Schellfisch auf vorgewärmten Tellern anrichten und mit der Senfsoße angießen.

Dazu Salzkartoffeln und grüner Salat.

Schleien gebraten

Vorbereitungszeit: 20 Minuten

4 Schleien von je 275 g
Salz
Pfeffer

Kochzeit: 7 Minuten

45 g Weizenmehl
50 g Butter
1 Zitrone

1. Die Schleien schuppen, ausnehmen, waschen und die Flossen abschneiden.
2. Mit Küchenkrepp trocken tupfen und mit Salz und Pfeffer würzen.
3. Die Schleien in Weizenmehl wenden und überschüssiges Weizenmehl abklopfen.
4. Etwas Butter in einer Bratpfanne erhitzen und die Schleien darin von jeder Seite ca. 3 1/2 Minuten braten.
5. Die Schleien filieren und auf vorgewärmten Tellern anordnen.
6. Die Zitrone achteln und zu den Fischfilets servieren.

Dazu Selleriesalat.

Seeaal gebraten

Vorbereitungszeit: 10 Minuten

2 Schalotten
45 g Butter
800 g Seeaal

Kochzeit: 6 Minuten

Salz
Pfeffer
2 Zitronen

1. Die Schalotten schälen und feinhacken.
2. Etwas Butter in einer Bratpfanne erhitzen und die Schalotten darin glasig dünsten.
3. Den Seeaal kalt abspülen, mit Küchenkrepp trocken tupfen und in 3 cm lange Stücke schneiden.
4. Mit Salz und Pfeffer würzen.
5. Butter in einer Bratpfanne erhitzen und den Seeaal von jeder Seite ca. 2 Minuten in mehreren Portionen braten.
6. Die Zitronen achteln.
7. Den Seeaal auf vorgewärmten Tellern mit den Zitronenachteln anrichten. Die Schalotten erhitzen und über den Seeaal streuen.

Dazu Kartoffelgratin und Möhren.

Seehechtfilet auf Salbeicreme

Vorbereitungszeit: 10 Minuten

1/4 l Fischfond
1/8 l Riesling
1/4 l Sahne
6 Salbeiblättchen

Kochzeit: 15 Minuten

Salz
Pfeffer
600 g Seehechtfilet
40 g Butter

1. Den Fischfond mit dem Riesling und der Sahne sämig einkochen.

2. Die Salbeiblättchen waschen, kleinschneiden, pürieren und in die Soße rühren.

3. Mit Salz und Pfeffer würzen.

4. Die Seehechtfilets kalt abspülen und mit Küchenkrepp trocken tupfen. Leicht mit Salz und Pfeffer würzen und portionieren.

5. Etwas Butter in einer Bratpfanne erhitzen und jeweils die Hälfte der Seehechtfilets von jeder Seite ca. 2 Minuten braten.

6. Die Salbeicreme erhitzen und abschmecken.

7. Auf vorgewärmten Tellern die Seehechtfilets anrichten und mit der Soße angießen.

Dazu Reis und grüner Salat.

Seelachsfilet gebraten

Vorbereitungszeit:
5 Minuten
+ 10 Minuten zum Marinieren

4 Scheiben Seelachsfilet à 150 g
Zitronensaft
Salz
Pfeffer

Kochzeit:
6 Minuten

30 g Butter
1 Zitrone
1 TL Dillspitzen

1. Die Seelachsfilets kalt abspülen, mit Küchenkrepp trocken tupfen und mit Zitronensaft beträufeln. 10 Minuten marinieren.

2. Die Seelachsfilets mit Küchenkrepp trocken tupfen und mit Salz und Pfeffer würzen.

3. Butter in einer Bratpfanne erhitzen und die Seelachsfilets von jeder Seite ca. 3 Minuten braten.

4. Die Seelachsfilets auf vorgewärmten Teller anrichten.

5. Die Zitrone achteln und zu den Seelachsfilets anordnen.

6. Mit Dillspitzen bestreuen und servieren.

Dazu Gurkensalat und Kartoffelgratin.

Seeteufelfilets auf roter Paprikacreme

Vorbereitungszeit: 20 Minuten

1/8 l Fischfond
1/8 l Riesling
1/4 l Sahne
2 Schalotten
30 g Butter
250 g rote Paprikaschoten

Kochzeit: 20 Minuten

Rosenpaprika
Salz
Pfeffer
600 g Seeteufelfilet (die Italiener nennen es Coda die rospo)
50 g Butter

1. Den Fischfond mit dem Riesling und der Sahne leicht sämig einkochen.

2. Die Schalotten schälen, feinhacken und in Butter glasig dünsten.

3. Die Paprikaschoten kalt abspülen, mit Küchenkrepp abtrocknen und den Stielansatz und die Kerne entfernen. In Streifen schneiden, zu den Schalotten geben und ca. 3 Minuten andünsten. Einige Paprikastreifen für die Garnitur beiseite legen.

4. Mit dem Pürierstab des Handrührgerätes die übrigen Paprikastreifen und die Schalotten mit etwas Soße fein pürieren und durch ein Sieb streichen. Die restliche Soße unterrühren und mit Rosenpaprika, Salz und Pfeffer würzen.

5. Die Seeteufelfilets kalt abspülen, portionieren und mit Küchenkrepp trocken tupfen. Mit Salz und Pfeffer würzen.

6. In zwei Bratpfannen Butter erhitzen und die Fischfilets von jeder Seite ca. 2 1/2 Minuten braten.

7. Die Paprikacreme erhitzen und abschmecken.

8. Auf vorgewärmten Tellern von der Soße einen Spiegel gießen und die Seeteufelfilets darauf anordnen. Mit den zurückbehaltenen Paprikastreifen garnieren.

Dazu grüne Nudeln.

Seezungenstreifen auf Orangensoße

(Wahlweise können auch Schollenfilets verwendet werden.)

Vorbereitungszeit: 30 Minuten

1 Stange Lauch
Salz
500 g Seezungenfilet
2 Schalotten
2 EL Weißwein, trocken

Kochzeit: 20 Minuten

1/8 l Fischfond
6 EL Orangensaft
100 g kalte Butter
Pfeffer
40 g Butter

1. Die Enden vom Lauch abschneiden. Den Lauch längs halbieren, unter fließendem Wasser waschen und in ganz dünne Scheiben schneiden.

2. Die Lauchscheiben in leicht gesalzenem Wasser ca. 2 Minuten bißfest kochen und in Eiswasser abschrecken. Gut abtropfen lassen.

3. Die Seezungenfilets kalt abspülen mit Küchenkrepp trocken tupfen und in fingerdicke Streifen schneiden.

4. Die Schalotten schälen, feinhacken und mit dem Weißwein in einen kleinen Topf geben. Zugedeckt köcheln, bis der Weißwein eingekocht ist.

5. Den Fischfond und den Orangensaft zu den Schalotten geben und auf die Hälfte einkochen.

6. Die kalte Butter mit dem Pürierstab des Handrührgerätes einarbeiten und mit Salz und Pfeffer würzen. Abschmecken und erhitzen.

7. Die Seezungenstreifen mit Salz und Pfeffer würzen.

8. Etwas Butter in einer Bratpfanne erhitzen und die Seezungenstreifen in mehreren Portionen jeweils ca. 3 Minuten unter ständigem Wenden braten.

9. Butter in einem Topf erhitzen und die Lauchscheiben darin heiß schwenken.

10. Die Seezungenstreifen auf vorgewärmten Tellern anrichten, mit der Orangensoße angießen. Die Lauchscheiben in etwas Butter erhitzen und daneben anordnen.

Dazu Safranrisotto.

Thunfisch gebraten mit Kräuterbutter

Vorbereitungszeit: 10 Minuten

1 Knoblauchzehe
1 EL feingehackte Kräuter (Dill, Schnittlauch, Petersilie)
125 g Butter

Kochzeit: 6 Minuten

Salz
600 g Thunfisch
Pfeffer
1 Zitrone

1. Die Knoblauchzehe schälen und durch die Knoblauchpresse drücken.

2. Den Knoblauch und die Kräuter mit 85 g Butter mischen und mit Salz würzen. Die Kräuterbutter zu einer Rolle formen in Alufolie wickeln und im Kühlschrank festwerden lassen.

3. Den Thunfisch mit kaltem Wasser abspülen, mit Küchenkrepp trocken tupfen und mit Salz und Pfeffer würzen.

4. Etwas Butter in einer Bratpfanne erhitzen und den Thunfisch von jeder Seite ca. 3 Minuten braten.

5. Den Thunfisch auf vorgewärmten Tellern anordnen.

6. Die Zitrone achteln und dazugeben.

7. Die Kräuterbutter in dicke Scheiben schneiden und auf die Thunfischscheiben setzen.
Sofort servieren.

Dazu Salat und Kartoffelgratin.

Tintenfisch in Knoblauchsoße

Vorbereitungszeit: 20 Minuten

3 Knoblauchzehen
1/8 l Fischfond
75 g kalte Butter
2 Eigelb
Salz

Kochzeit: 10 Minuten

Pfeffer
Zitronensaft
750 g Tintenfische
45 g Butter

1. Die Knoblauchzehen schälen und durch die Knoblauchpresse drücken.

2. Den Fischfond erhitzen, die Knoblauchzehen einrühren und die kalte Butter in kleinen Stücken mit dem Pürierstab des Handrührgerätes einarbeiten.

3. Das Eigelb verquirlen und in die heiße Soße rühren (nicht kochen).

4. Die Soße mit Salz und Pfeffer, sowie einigen Tropfen Zitronensaft würzen. Abschmecken.

5. Den Tintenfisch ausnehmen und die Haut abziehen. Kalt abspülen und mit Küchenkrepp trocken tupfen. In runde Ringe schneiden.

6. Mit Salz und Pfeffer würzen.

7. Butter in einer Bratpfanne erhitzen und den Tintenfisch in zwei Portionen unter wiederholtem Wenden ca. 4 Minuten braten.

8. Die Tintenfische mit der Knoblauchsoße auf vorgewärmten Tellern anrichten.

Dazu Kartoffelpüree und Salat.

FISCHGERICHTE

GEDÜNSTET

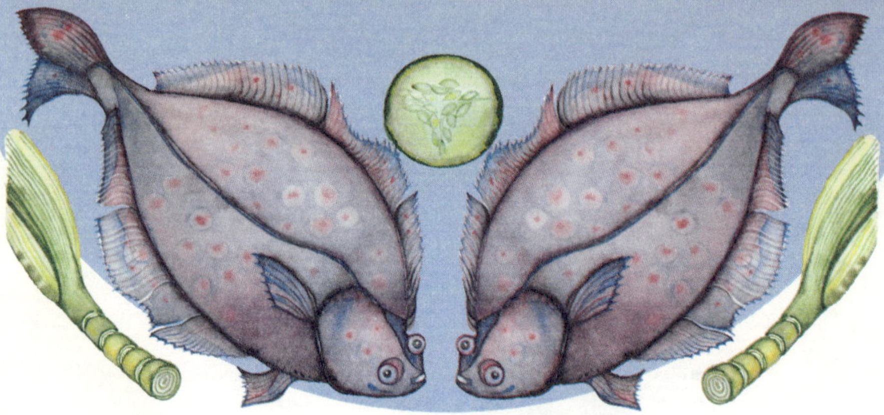

Aal grün

Vorbereitungszeit: 30 Minuten

1000 g frischer Aal
1/4 l Fischfond
1/8 l Weißwein, trocken
Salz

Kochzeit: 20 Minuten

200 g Creme fraîche
je 1 EL gehackte Petersilie, Schnittlauch, Kerbel und Sauerampfer
Pfeffer

1. Die Aale ausnehmen und waschen. Die Haut hinter dem Kopf rundherum einschneiden und abziehen. Den Kopf abschneiden und die Aale in 4 cm breite Stücke schneiden.

2. Den Fischfond mit dem Weißwein in einen Kochtopf geben und mit Salz würzen. Die Aalstücke dazugeben, erhitzen und je nach Dicke ca. 4 Minuten garziehen lassen.

3. Die Aalstücke mit einem Schaumlöffel herausnehmen und beiseite stellen.

4. Den Fischfond bis auf wenige Eßlöffel einkochen.

5. Creme fraîche unterrühren.

6. Die Kräuter zugeben, erhitzen und mit Salz und Pfeffer würzen. Abschmecken.

7. Die Aalstücke in der Soße heiß werden lassen (nicht kochen).

8. Auf vorgewärmten Tellern die Aalstücke anordnen und mit der Soße überziehen.

Dazu Kartoffelhäubchen und Chicoréesalat.

Äsche mit Paprikarisotto

Vorbereitungszeit: 25 Minuten

1 rote Paprikaschote
1 EL Butter
Salz
Pfeffer
¼ l Fischfond
150 g Creme fraîche
Zitronensaft
1 Zwiebel

Kochzeit: 30 Minuten

2 EL Butter
½ Tasse Reis
½ Tasse Geflügelfond
½ Tasse Weißwein, trocken
Rosenpaprika
3 Äschchen à 400 g
45 g Butter

1. Die Paprikaschote kalt abspülen, den Stielansatz und die Kerne entfernen. Die Schote in feine Streifen schneiden und in Butter dünsten. Mit Salz und Pfeffer würzen.

2. Den Fischfond bis auf wenige Eßlöffel einkochen. Creme fraîche unterrühren. Erhitzen und mit Salz, Pfeffer und einigen Tropfen Zitronensaft würzen. Abschmecken.

3. Die Zwiebel schälen, feinhacken und in Butter glasig dünsten.

4. Den Reis zugeben und unter wiederholtem Rühren andünsten. Mit dem Geflügelfond und dem Weißwein angießen, aufkochen und ca. 20 Minuten zugedeckt quellen lassen.

5. Die Äschen filieren, kalt abspülen und mit Küchenkrepp trocken tupfen. Mit Salz und Pfeffer würzen.

6. Den Reis mit Salz, Pfeffer und Rosenpaprika würzen. Die vorbereiteten Paprikastreifen unterrühren. Abschmecken.

7. Butter in einer Bratpfanne erhitzen und die Fischfilets von jeder Seite ca. 1½ Minuten braten.

8. Die Soße erhitzen. Die Fischfilets auf vorgewärmten Tellern anrichten, mit der Soße angießen und den Paprikarisotto dazu servieren.

Austern in Safransoße mit Lauchstreifen

Vorbereitungszeit: 30 Minuten

1 Stange Lauch
1 EL Butter
40 Austern
1/8 l Champagner
75 g kalte Butter

Kochzeit: 10 Minuten

2 Eigelb
Salz
Pfeffer
Safran

1. Den Lauch an den Enden abschneiden, längs halbieren und unter fließendem Wasser waschen. In streichholzlange dünne Streifen schneiden und in Butter dünsten.
2. Die Austern mit einem Spezialmesser öffnen, den Muskel durchtrennen und die Auster herauslösen. (Die Auster kann so mit ein wenig Zitronensaft und dem Meerwasser in der Schale roh geschlürft werden.)
3. Das Meerwasser aus den Austern auffangen, durch ein Tuch gießen und mit 1/8 l Champagner in einen Kochtopf geben und aufkochen.
4. Die Austern hineingeben und ca. 1/2 Minute in dem Champagnersud blanchieren (nicht kochen). Die Austern auf ein Sieb schütten und den Sud auffangen.
5. Den Champagnersud etwas einkochen und mit dem Pürierstab des Handrührgerätes die kalte Butter in kleinen Portionen einarbeiten.
6. Erhitzen, das Eigelb verquirlen und unterrühren.
7. Mit Salz und Pfeffer würzen und mit etwas Safran Farbe nehmen lassen. Abschmecken.
8. Die vorbereiteten Austern unter die Safransoße heben und erhitzen.
9. Auf vorgewärmten tiefen Tellern anrichten und die heißen Lauchstreifen dekorativ darüber streuen.

Dazu Stangenweißbrot.

Forelle blau mit Meerrettichsahne

Vorbereitungszeit: 20 Minuten

für den Fond:
1 Zwiebel
1 Stange Lauch
1 Lorbeerblatt
6 Pfefferkörner
1½ l Wasser
¼ l Weißwein, trocken
Salz
Essig

Kochzeit: 15 Minuten

4 Forellen
Salz
2 Zitronen
1 Stange Meerrettich
¼ l Sahne
Salz
Zitronensaft
Zucker

1. Die Zwiebel schälen und in Scheiben schneiden.

2. Die Stange Lauch an den Enden abschneiden, längs halbieren und unter fließendem Wasser waschen. In 3 cm lange Stücke schneiden.

3. Alle Zutaten für den Fond in einen Topf geben, 10 Minuten zugedeckt kochen und durch ein Sieb gießen.

4. Die Forellen vor dem Kochen nur mit nassen Händen anfassen. Nicht außen salzen, da sonst die gewünschte Blaufärbung beeinträchtigt wird. Die Forellen ausnehmen und mit kaltem Wasser innen und außen waschen, ohne die Schleimhaut zu verletzen.

5. Innen mit Salz würzen und mit einer Nadel am Kopf und am Schwanzende einen Faden durchziehen. Die Enden zusammen binden, um die Forelle in eine runde Form zu bringen.

6. Die Zitronen achteln.

7. Den Meerrettich schälen und reiben.

8. Die Sahne etwas dicklich einkochen, den Meerrettich unterrühren und mit Salz, einigen Tropfen Zitronensaft und einer Prise Zucker würzen.

9. Den vorbereiteten Fond aufkochen, die Forellen hineinlegen und je nach Größe ca. 5 Minuten garen (nicht kochen).

10. Die Forellen aus dem Fond nehmen, abtropfen lassen und auf einer vorgewärmten Platte mit Zitronenachteln anrichten. Den Faden entfernen. Mit Meerrettichsahne servieren.

Dazu Petersilienkartoffeln.

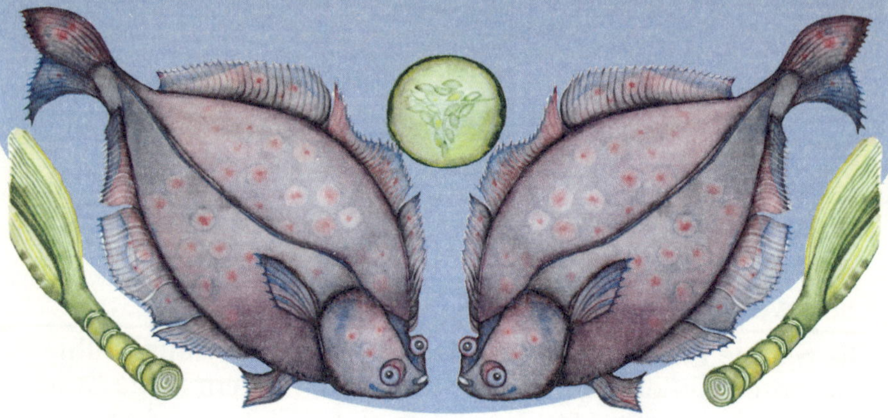

Forellenfilet auf roter Buttersoße

Vorbereitungszeit: 10 Minuten

4 Schalotten
1 TL Butter
1/4 l Fischfond
1/4 l Rotwein
4 EL Noilly-Prat (franz. Wermut)
100 g kalte Butter

Kochzeit: 20 Minuten

Salz
Pfeffer
1/4 l Weißwein, trocken
1/2 l Wasser
1 Dillzweig
4 Forellen

1. Die Schalotten schälen, feinhacken und in Butter glasig dünsten. Davon die Hälfte beiseite stellen.
2. Den Fischfond mit dem Rotwein und dem Noilly-Prat zu der einen Hälfte Schalotten geben und im geöffneten Kochtopf auf knapp 1/8 l einkochen.
3. Die kalte Butter in kleinen Stücken mit dem Pürierstab des Handrührgerätes einarbeiten.
4. Die Soße mit Salz und Pfeffer würzen.
5. Den Weißwein mit dem Wasser, etwas Salz, dem Dillzweig und den beiseite gestellten Schalotten aufkochen. Die Forellen ausnehmen und innen und außen waschen. Innen salzen und in den Sud legen. Von jeder Seite ca. 2 Minuten garziehen lassen.
6. Die Forellen filieren und auf vorgewärmten Tellern anrichten.
7. Die Soße erhitzen, abschmecken und die Forellenfilets damit angießen.

Dazu Reis und grüner Salat.

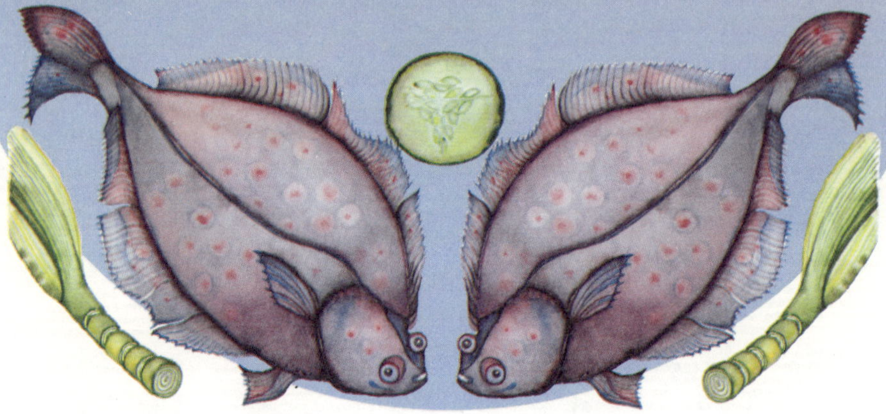

Kabeljau mit Kapernsoße

Vorbereitungszeit: 15 Minuten

$^{1}/_{4}$ l Fischfond
$^{1}/_{8}$ l Weißwein, trocken
200 g Creme fraîche
Salz
Pfeffer
Zitronensaft

Kochzeit: 20 Minuten

1 EL Kapern
800 g Kabeljaufilet
$^{1}/_{4}$ l Wasser
$^{1}/_{4}$ l Weißwein, trocken
1 Lorbeerblatt
1 kleine Stange Lauch

1. Den Fischfond mit 1/8 Weißwein bis auf wenige Eßlöffel einkochen.

2. Creme fraîche unterrühren und evtl. noch etwas einkochen, bis die gewünschte Konsistenz erreicht ist.

3. Mit Salz, Pfeffer und einigen Tropfen Zitronensaft würzen und abschmecken.

4. Die Kapern unterrühren.

5. Die Kabeljaufilets kalt abspülen.

6. Das Wasser mit 1/4 l Weißwein und dem Lorbeerblatt aufkochen und mit Salz und Pfeffer würzen.

7. Den Lauch an den Enden abschneiden, längs halbieren, waschen und in 3 cm große Stücke schneiden. In den Weinsud geben und zugedeckt 4 Minuten köcheln.

8. Die Kabeljaufilets portionieren und mit Salz und Pfeffer würzen. In den Weinsud geben, erhitzen und ca. 6 Minuten, je nach Dicke der Filets, garziehen lassen.

9. Die Kabeljaufilets aus dem Weinsud nehmen und auf vorgewärmte Teller anrichten.

10. Die Kapernsoße erhitzen und die Fischfilets damit angießen.

Dazu Salzkartoffeln und gemischter Salat.

Kieler Sprotten mit Tomaten und Rührei

Vorbereitungszeit: 25 Minuten

200 g Tomaten
400 g geräucherte Kieler Sprotten
8 Eier
1/8 l Milch

Kochzeit: 3 Minuten

Salz
Pfeffer
1 Bund Schnittlauch
30 g Butter

1. Die Tomaten in kochendes Wasser tauchen und in Eiswasser abschrecken. Die Haut abziehen und den Stielansatz und die Kerne entfernen. Das Tomatenfleisch in kleine Würfel schneiden.
2. Die Kieler Sprotten filieren.
3. Die Eier mit der Milch verquirlen und mit Salz und Pfeffer würzen.
4. Den Schnittlauch waschen, mit Küchenkrepp trocken tupfen und mit der Schere in feine Ringe schneiden.
5. Die Tomatenwürfel unter die Eiermasse ziehen.
6. Butter in einer Bratpfanne erhitzen und den Pfannenboden mit der flüssigen Butter überziehen. Die Eiermasse in die Bratpfanne geben und ca. 3 Minuten nicht zu fest stocken lassen.
7. Die Rühreier in die Mitte auf vorgewärmte Teller anrichten und mit den Sprottenfilets umlegen.
8. Die Rühreier mit den Schnittlauchringen bestreuen und servieren.

Dazu grüner Salat.

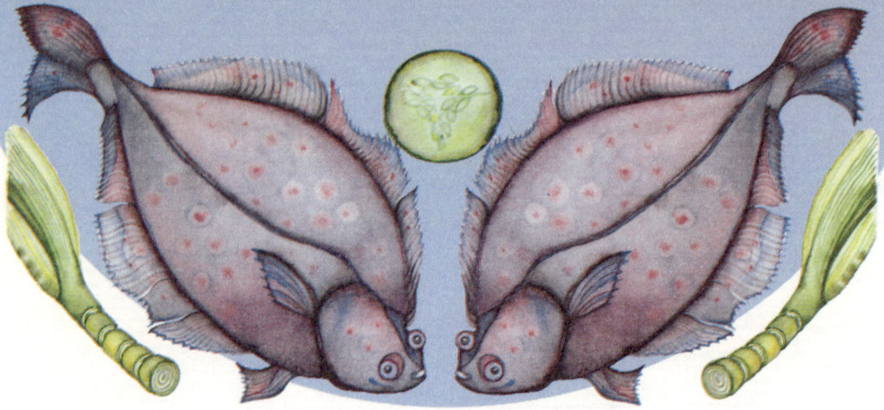

Ragout von Schollenfilets

**Vorbereitungszeit:
15 Minuten**

1 Bund Schnittlauch
1/4 l Fischfond
4 EL Weißwein, trocken
200 g Creme fraîche

**Kochzeit:
10 Minuten**

Salz
Pfeffer
600 g Schollenfilet

1. Den Schnittlauch waschen, mit Küchenkrepp trocken tupfen und mit der Schere in feine Ringe schneiden.

2. Den Fischfond bis auf wenige Eßlöffel einkochen.

3. Den Weißwein und Creme fraîche unterrühren und evtl. noch etwas einkochen, bis die gewünschte Konsistenz für die Soße erreicht ist. (Bitte beachten, daß die Schollenfilets beim Garen noch etwas Flüssigkeit abgeben.)

4. Mit Salz und Pfeffer würzen.

5. Die Schollenfilets kalt abspülen und mit Küchenkrepp trocken tupfen. In mundgerechte Stücke schneiden und mit Salz und Pfeffer würzen.

6. Kurz vor dem Servieren die Soße erhitzen. Die Schollenfilets hineingeben, erhitzen und ca. 1 1/2 Minuten garziehen lassen (nicht kochen).

7. Das Ragout von Schollenfilets abschmecken und auf vorgewärmten Tellern anrichten.

8. Mit Schnittlauchringen bestreuen.

Dazu trockener Reis und gedünsteter Fenchel.

Rotbarschfilets mit Dijon-Senfsoße

Vorbereitungszeit: 10 Minuten

600 g Rotbarschfilet
1/4 l Fischfond
1/4 l Sahne
1 EL Dijonsenf

Kochzeit: 20 Minuten

Salz
Pfeffer
Zitronensaft
1 TL feingehackte Petersilie

1. Das Rotbarschfilet unter kaltem Wasser abspülen, mit Küchenkrepp trocken tupfen und portionieren.
2. Den Fischfond mit der Sahne sämig einköcheln.
3. Mit Dijonsenf, Salz, Pfeffer und Zitronensaft würzen. Abschmecken.
4. Die Rotbarschfilets mit Salz und Pfeffer würzen, in die Soße legen und von jeder Seite ca. 4 Minuten garziehen lassen.
5. Die Soße evtl. (ohne die Fischfilets) noch ein wenig einkochen, bis die gewünschte Konsistenz erreicht ist. Abschmecken.
6. Die Rotbarschfilets auf vorgewärmten Tellern anrichten und mit der Senfsoße überziehen. Mit Petersilie bestreuen und sofort servieren.

   Dazu Gurkensalat und Bratkartoffeln.

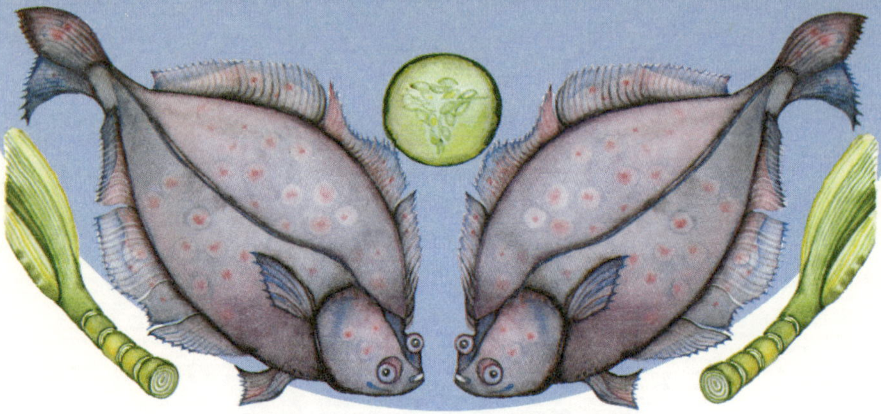

Schollenfilets mit Pommery-Senfcreme

Vorbereitungszeit: 5 Minuten

600 g Schollenfilets
Salz
Pfeffer
1/4 l Fischfond

Kochzeit: 12 Minuten

1/8 l Riesling
2 Eigelb
100 g kalte Butter
1 TL Pommery-Senf

1. Die Schollenfilets kalt abspülen, mit Küchenkrepp trocken tupfen und mit Salz und Pfeffer würzen.

2. Den Fischfond mit dem Riesling in einer Bratpfanne erhitzen. Die Schollenfilets hineinlegen und bei mittlerer Temperatur ca. 2 Minuten garziehen lassen. (Nicht kochen.)

3. Die Schollenfilets warmstellen und den Fischfond mit dem Riesling bis auf 1/8 l in der offenen Bratpfanne einkochen.

4. Das Eigelb in den noch heißen Fond mit dem Pürierstab des Handrührgerätes einrühren. Die kalte Butter in kleinen Stücken ebenfalls mit dem Pürierstab einarbeiten.

5. Den Pommery-Senf unterrühren und mit Salz und Pfeffer würzen. Die Senfcreme erhitzen und abschmecken.

6. Auf vorgewärmten Tellern die Schollenfilets anrichten und mit der Senfcreme angießen.

Dazu grüner Salat und Kartoffelgratin.

Spaghetti mit frischem Lachs

Vorbereitungszeit: 5 Minuten

200 g Spaghetti
Salz
350 g Lachsfilet
Pfeffer

Kochzeit: 7 Minuten

180 g Creme fraîche
1/2 TL Butter
1 TL Dillspitzen

1. Die Spaghetti in reichlich leicht gesalzenes kochendes Wasser geben und ca. 4 Minuten bißfest kochen (Nachwärme beachten). Auf ein Sieb schütten und gut abtropfen lassen.

2. Das Lachsfilet in kleine Scheibchen schneiden und mit Salz und Pfeffer würzen.

3. Die Spaghetti mit Creme fraîche erhitzen, abschmecken und die Lachsscheibchen untermischen.

4. Heiß werden und in ca. 3 Minuten garziehen lassen.

5. Eine vorgewärmte Schüssel ausbuttern und die Spaghetti darin anrichten.

6. Mit Dillspitzen bestreuen.

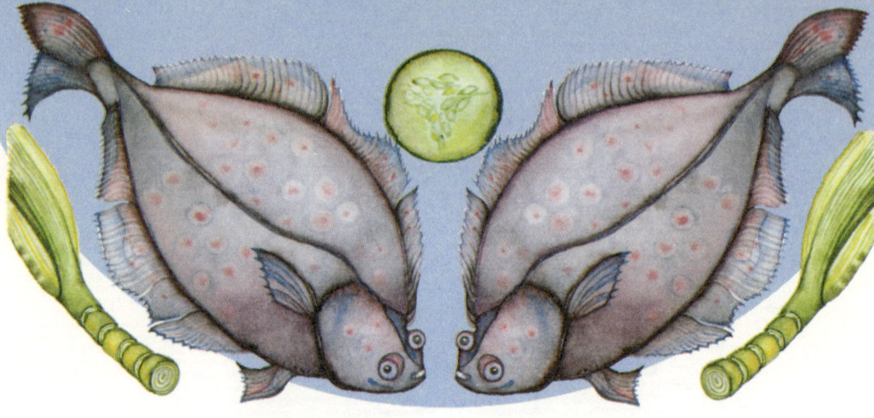

Waller (Wels) mit weißer Buttersoße

Vorbereitungszeit: 25 Minuten

1 Waller, ca. 1000 g
1 l Wasser
1/2 l Weißwein, trocken
Lorbeerblatt
1 Stange Lauch
4 Dillstengel

Kochzeit: 15 Minuten

Salz
Pfeffer
3 Eigelb
75 g kalte Butter
Zitronensaft

1. Den Waller ausnehmen, Kopf, Schwanz und Flossen abschneiden. Waschen und portionieren.
2. Das Wasser mit dem Weißwein und dem Lorbeerblatt in einen entsprechend großen Kochtopf geben.
3. Die Enden vom Lauch abschneiden. Den Lauch längs halbieren und unter fließendem Wasser waschen. In Scheiben schneiden.
4. Die Dillstengel waschen und mit dem Lauch in den Weinsud geben.
5. Den Weinsud 5 Minuten köcheln und leicht mit Salz würzen.
6. Den Waller mit Salz und Pfeffer würzen und in den Weinsud legen. Ca. 5 Minuten von jeder Seite garziehen lassen.
7. $^1/_4$ l Weinsud in einen anderen Kochtopf gießen. Das Eigelb verquirlen, dazugeben und im Wasserbad schaumig aufschlagen, bis die Flüssigkeit etwas sämig geworden ist.
8. Die kalte Butter in kleinen Portionen mit dem Pürierstab des Handrührgerätes in den Weinsud einarbeiten.
9. Die weiße Buttersoße mit Salz und Pfeffer würzen und mit etwas Zitronensaft abrunden. Abschmecken.
10. Den Waller filieren; auf vorgewärmten Tellern anrichten und die weiße Buttersoße separat dazu servieren.

Dazu Dillkartoffeln und Broccoli.

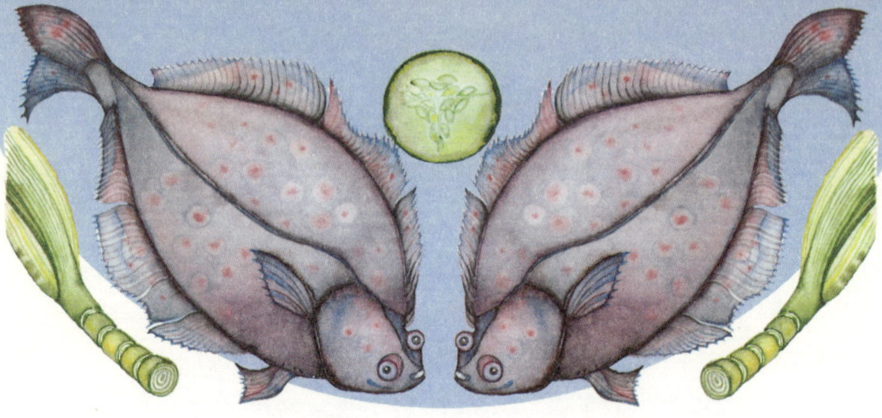

Weißkohlröllchen mit Heilbuttfarce

Vorbereitungszeit: 20 Minuten

1 junger Weißkohl ca. 1000 g
Salz
2 Schalotten
1 TL Butter
200 g Heilbuttfilet

Kochzeit: 12 Minuten

2 Eiweiß
1/4 l Sahne
Pfeffer
2 EL Öl
150 g Creme fraîche

1. Die schlechten Blätter vom Weißkohlkopf abtrennen und den Strunk kegelförmig herausschneiden.

2. Den Weißkohl in leicht gesalzenem Wasser blanchieren und in Eiswasser, dem ebenfalls etwas Salz zugefügt wurde, abschrecken. Gut abtropfen lassen.

3. Die dicken Blattrippen der größeren Blätter etwas flach schneiden.

4. Die Schalotten feinhacken und in Butter glasig dünsten.

5. Das Heilbuttfilet waschen, mit Küchenkrepp trocken tupfen und in Würfel schneiden.

6. Die Heilbuttwürfel mit dem Eiweiß im Mixer pürieren, mit der Sahne verrühren und mit Salz und Pfeffer würzen. Abschmecken.

7. Die vorbereiteten Weißkohlblätter für die Röllchen nebeneinander legen und die Heilbuttfarce darauf verteilen.

8. Damit die Heilbuttfarce nicht seitlich heraustreten kann, zuerst die Seiten der Kohlblätter einschlagen, dann die Blätter aufrollen und mit weißem Küchenzwirn umwickeln.

9. Die kleinen Röllchen in einem breiten Topf in Öl andünsten und zugedeckt ca. 8 Minuten garen. (Nach 4 Minuten die Weißkohlröllchen umdrehen.)

10. Die Weißkohlröllchen aus dem Topf nehmen und warmstellen. Den Sud cremig einköcheln. Creme fraîche unterrühren, erhitzen und mit Salz und Pfeffer würzen. Abschmecken.

11. Die Soße mit den Weißkohlröllchen servieren.

Dazu Salzkartoffeln.

Zanderfilet mit aufgeschlagener Weißweinsoße

Vorbereitungszeit:
10 Minuten

2 Schalotten
1 TL Butter
1/8 l Fischfond
1/8 l Weißwein
1/4 l Sahne

Kochzeit:
15 Minuten

Salz
Pfeffer
500 g Zanderfilet
1 EL Kerbelblättchen

1. Die Schalotten schälen, feinhacken und in Butter glasig dünsten.

2. Den Fischfond, den Weißwein und die Sahne zugeben und bis auf die gewünschte Konsistenz einkochen.

3. Mit Salz und Pfeffer würzen und mit dem Pürierstab des Handrührgerätes aufschlagen. Abschmecken.

4. Die Zanderfilets kalt abspülen, mit Küchenkrepp trocken tupfen und mit Salz und Pfeffer würzen.

5. Die Zanderfilets in die Soße legen, erhitzen und ca. 4 Minuten garziehen lassen.

6. Die Filets auf vorgewärmten Tellern anrichten und die Soße evtl. noch ein wenig einkochen.

7. Die Soße mit dem Pürierstab des Handrührgerätes noch einmal kurz aufschlagen und den Fisch damit überziehen.

8. Mit Kerbelblättchen garnieren und sofort servieren.

Dazu feine grüne Nudeln.

FISCHGERICHTE IM

BACKOFEN GEGART

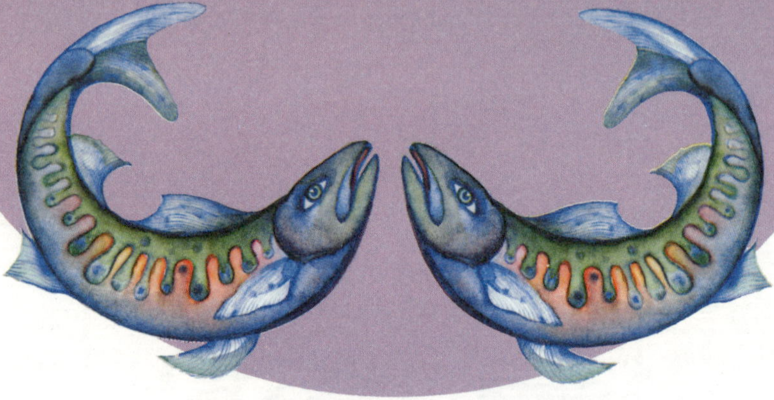

Dorsch mit Schnittlauchsoße

für 6 Personen

Vorbereitungszeit:
20 Minuten

1 Dorsch ca. 1000 g
Salz
Pfeffer
1/2 TL Butter
1 Schalotte
8 EL Weißwein, trocken

Kochzeit:
25 Minuten
+ Vorheizen des Backofens auf 180° C

1/4 l Fischfond
1 EL Noilly Prat (franz. Wermut)
250 g Creme fraîche
1 Bund Schnittlauch

1. Den Dorsch ausnehmen, säubern und waschen. Mit Küchenkrepp trocken tupfen und leicht mit Salz und Pfeffer würzen.
2. Eine entsprechend große Nirostaplatte mit Butter ausstreichen.
3. Die Schalotte schälen, feinhacken und auf die Nirostaplatte streuen.
4. Eine kleine längliche Porzellanschale in die Mitte der Platte stellen und den Dorsch mit der Öffnung nach unten darauf setzen.
5. Mit Weißwein angießen und auf den Rost in die mittlere Einschubleiste des Backofens schieben. Ca. 20 Minuten bei 180° C garen.
6. In der Zwischenzeit den Fischfond bis auf wenige Eßlöffel einkochen.
7. Den Noilly Prat und die Creme fraîche unterrühren.
8. Mit Salz und Pfeffer würzen und abschmecken.
9. Den Schnittlauch waschen, mit Küchenkrepp trocken tupfen und mit der Schere in feine Ringe schneiden.
10. Den Dorsch filieren und auf vorgewärmten Tellern anrichten.
11. Die Soße erhitzen, den Schnittlauch unterrühren und den Dorsch damit angießen.

Dazu kleine Pellkartoffeln und Salat.

Filet vom St. Petersfisch mit Dillsahne

Vorbereitungszeit: 10 Minuten

Schalotte
1/2 TL Butter
1/4 l Fischfond
1/4 l Sahne
Salz

Kochzeit: 15 Minuten
+ Vorheizen des Backofens auf 180°C

Pfeffer
Zitronensaft
600 g Filet vom St. Petersfisch
1 EL Dillspitzen

1. Die Schalotte schälen, feinhacken und in Butter glasig dünsten.
2. Den Fischfond mit der Sahne und der Schalotte in einer entsprechend großen Pfanne mit Metallgriff auf die gewünschte Konsistenz einkochen.
3. Mit Salz und Pfeffer würzen und mit einigen Tropfen Zitronensaft abrunden.
4. Die Filets vom St. Petersfisch kalt abspülen und mit Küchenkrepp trocken tupfen. Leicht mit Salz und Pfeffer würzen.
5. Die Soße erhitzen, die Fischfilets nebeneinander hineinlegen und auf den Rost in die mittlere Einschubleiste des Backofens schieben. Ca. 6 Minuten bei 180° C garen.
6. Die Filets vom St. Petersfisch auf vorgewärmten Tellern anrichten.
7. Die Soße evtl. noch ein wenig einkochen, abschmecken und die Dillspitzen unterrühren.
8. Die Fischfilets mit der Dillsahne überziehen und servieren.

Dazu Reis und Kohlrabi.

Fischteller auf Sauerampfercreme

Vorbereitungszeit: 25 Minuten

$^{1}/_{4}$ l Fischfond
$^{1}/_{4}$ l Riesling
200 g Creme fraîche
Salz
Pfeffer
100 g Sauerampfer
$^{1}/_{2}$ TL Butter

Kochzeit: 20 Minuten
+ Vorheizen des Backofens 180° C

2 Schalotten
300 g Lachsfilet
300 g Hechtfilet
250 g Seezungenfilet
(von etwas größeren Seezungen)
$^{1}/_{16}$ l Weißwein, trocken

1. Den Fischfond mit dem Riesling im offenen Kochtopf bis auf wenige Eßlöffel einkochen.

2. Creme fraîche unterrühren und evtl. noch etwas einkochen, bis die gewünschte Konsistenz erreicht ist.

3. Mit Salz und Pfeffer würzen.

4. Den Sauerampfer waschen, mit Küchenkrepp trocken tupfen und die dicken Stiele entfernen. In Streifen schneiden und in die Soße geben. Die Soße erhitzen und die Sauerampferblätter mit dem Pürierstab des Handrührgerätes pürieren. Abschmecken.

5. Eine Nirostaplatte mit Butter ausstreichen. Die Schalotten schälen, feinhacken und darauf streuen.

6. Die Fischfilets portionieren und restliche Gräten entfernen.

7. Leicht mit Salz und Pfeffer würzen. Auf die Nirostaplatte legen und mit Weißwein angießen.

8. Die Fischplatte auf den Rost in die mittlere Einschubleiste des Backofens schieben und ca. 6 Minuten bei 180° C garen.

9. Die Soße erhitzen und einen Spiegel auf vorgewärmte Teller gießen. Darauf die verschiedenen Fischfilets anrichten.

Dazu Reis oder Stangenweißbrot.

Fischtopf mit Lauch- und Paprikastreifen

Vorbereitungszeit: 20 Minuten

1 Tasse Geflügelfond
1/2 Tasse Langkornreis
100 g Schalotten
1 Knoblauchzehe
50 g Butter
1 Stange Lauch
1 rote Paprikaschote

Kochzeit: 40 Minuten
+ Vorheizen des Backofens auf 180° C

1/2 l Weißwein, trocken
150 g Crème fraîche
Salz
Pfeffer
600 g Fischfilet nach Wahl
150 g Shrimps

1. Den Geflügelfond aufkochen, den Reis hineingeben, erhitzen und zugedeckt bei schwacher Temperatur ca. 20 Minuten quellen lassen.

2. Die Schalotten und die Knoblauchzehe schälen. Feinhacken und in etwas Butter glasig dünsten.

3. Die Enden vom Lauch abschneiden, den Lauch längs halbieren und unter fließendem Wasser waschen. In streichholzlange, feine Streifen schneiden.

4. Die rote Paprikaschote waschen, den Stielansatz und die Kerne entfernen und das Fruchtfleisch in feine Streifen schneiden.

5. Den Lauch und die Paprikaschote mit der restlichen Butter zu den Schalotten geben. Unter wiederholtem Wenden ca. 4 Minuten dünsten.

6. Den Weißwein mit der Creme fraîche verrühren und auf die gewünschte Konsistenz einkochen. Mit Salz und Pfeffer würzen.

7. Das Fischfilet kalt abspülen, mit Küchenkrepp trocken tupfen und in mundgerechte Würfel schneiden. Mit Salz und Pfeffer würzen und unter die Soße heben.

8. In eine feuerfeste Form geben und auf den Rost in die mittlere Einschubleiste des Backofens stellen. Erhitzen und ca. 5 Minuten bei 180° C garen.

9. Den Reis, das Gemüse und die Shrimps unterrühren. Erhitzen und abschmecken.

10. Den Fischtopf in der feuerfesten Form mit vorgewärmten Tellern servieren.

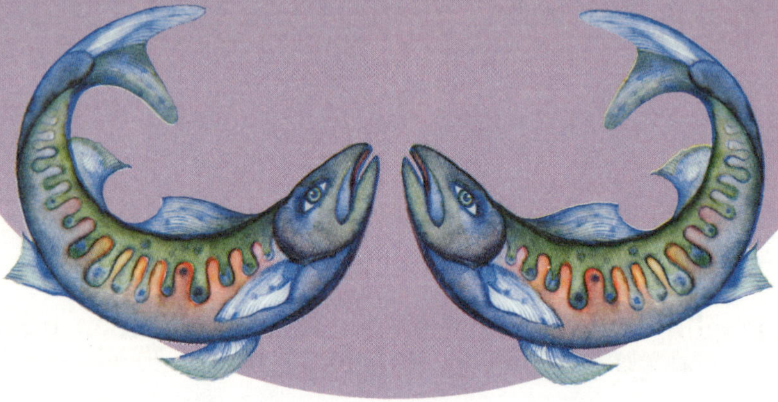

Forellen in Weißwein

Vorbereitungszeit:
15 Minuten

1/4 l Fischfond
1/8 l Weißwein, trocken
100 g kalte Butter
Salz
Pfeffer

Kochzeit:
25 Minuten
+ Vorheizen des Backofens auf 180° C

4 Regenbogenforellen
1 TL Butter
1/2 Tasse Weißwein, trocken
1 EL feingehackte Petersilie

1. Den Fischfond mit 1/8 l Weißwein in einen Topf geben und auf knapp 1/8 l einkochen.
2. Die kalte Butter in kleinen Stücken mit dem Püriergerät des Handrührgerätes in den Fond einarbeiten.
3. Mit Salz und Pfeffer würzen. Abschmecken.
4. Die Regenbogenforellen ausnehmen, waschen und innen und außen mit Salz und Pfeffer würzen.
5. Die Fettpfanne des Backofens mit Butter ausstreichen und die Regenbogenforellen nebeneinander hineinlegen. Mit 1/2 Tasse Weißwein angießen.
6. Die Fettpfanne in die mittlere Einschubleiste des Backofens schieben und die Forellen ca. 10 Minuten bei 180° C garen.
7. Die Forellen enthäuten, filieren und auf vorgewärmten Tellern anrichten.
8. Die Soße erhitzen, abschmecken, die Petersilie unterrühren und die Forellenfilets damit angießen.

Dazu Kartoffelbrei und grüne Bohnen.

Hecht auf Sauerampfercreme

Vorbereitungszeit: 20 Minuten

1/4 l Fischfond
1/4 l Sahne
50 g Sauerampfer
Salz
Pfeffer

Kochzeit: 25 Minuten
+ Vorheizen des Backofens auf 180° C

1 Hecht ca. 950 g
8 EL Weißwein, trocken
1 TL Kerbelblättchen

1. Den Fischfond mit der Sahne sämig einkochen.
2. Den Sauerampfer waschen (die dicken Stiele entfernen) und in die Soße geben. Den Sauerampfer in der Soße erhitzen und mit dem Pürierstab des Handrührgerätes fein pürieren.
3. Die Sauerampercreme mit Salz und Pfeffer würzen und abschmecken.
4. Den Hecht schuppen, ausnehmen und waschen, mit Küchenkrepp trocken tupfen und mit Salz und Pfeffer würzen.
5. Eine entsprechend große Nirostaplatte mit Butter ausstreichen und den Hecht auf die Nirostaplatte legen.
6. Mit Weißwein angießen und auf den Rost in die mittlere Einschubleiste des Backofens schieben. Ca. 13 Minuten bei 180° C garen.
7. Die Sauerampfercreme erhitzen und einen Spiegel auf vorgewärmte Teller gießen.
8. Den Hecht filieren und auf die Sauerampfercreme anordnen.
9. Mit Kerbelblättchen garnieren und sofort servieren.

Dazu Reis.

Hechtschaum auf Kressecreme

Vorbereitungszeit: 20 Minuten

Alle Zutaten für den Hechtschaum vor der Verarbeitung gut durchkühlen.

250 g Hechtfilet
1/4 l Sahne
1 Ei
Salz

Kochzeit: 30 Minuten

+ Vorheizen auf 160°C

Pfeffer
1 TL Butter
1/4 l Fischfond
1/2 Päckchen Kresse
200 g Creme fraîche
Zitronensaft

1. Das Hechtfilet kalt abspülen, mit Küchenkrepp trocken tupfen und in kleine Würfel schneiden.

2. Das Hechtfilet in mehreren Portionen mit etwas Sahne im Mixer pürieren und dann durch ein feines Sieb streichen.

3. Das Ei mit der restlichen Sahne verquirlen und unter die vorbereitete Masse rühren.

4. Mit Salz und Pfeffer würzen und 20 Minuten in den Kühlschrank stellen.

5. Kleine Portionsförmchen mit Butter ausstreichen. Die Hechtmasse abschmecken und einfüllen.

6. Eine Tasse Wasser in die Fettpfanne des Backofens gießen und die Förmchen hineinstellen. Die Fettpfanne in die mittlere Einschubleiste des Backofens schieben und den Hechtschaum ca. 20 Minuten bei 160° C garen.

7. Den Fischfond bis auf wenige Eßlöffel einkochen.

8. Die Kresseblättchen abschneiden, kalt abspülen (einige Kresseblättchen für die Dekoration beiseite legen) und mit dem Pürierstab in dem Fischfond fein pürieren.

9. Creme fraîche erhitzen, mit Salz und Pfeffer würzen. Die pürierten Kresseblättchen hineingeben, abschmecken und mit einigen Tropfen Zitronensaft würzen.

10. Auf vorgewärmten Tellern einen Spiegel von der Kressecreme gießen.

11. Den Hechtschaum aus den Förmchen auf den Kressespiegel stürzen und mit den zurückbehaltenen Kresseblättchen garnieren.

Dazu Reis oder Stangenweißbrot.

Heilbuttfilet mit Zitronenbutter und Maiscrêpes

Vorbereitungszeit: 20 Minuten

600 g Heilbuttfilets
Salz
Pfeffer
1 TL Butter
1/16 l Weißwein
1 Zitrone, ungespritzt
2 Schalotten
100 g Butter

Kochzeit: 20 Minuten
+ Vorheizen des Backofens auf 180° C

für die Maiscrêpes:
100 g Mais
1 Ei
1 EL Weizenmehl
40 g Butter

1. Die Heilbuttfilets kalt abspülen. Mit Küchenkrepp trocken tupfen, portionieren und mit Salz und Pfeffer würzen.
2. Eine flache feuerfeste Form ausbuttern, die Heilbuttfilets in die Form legen und mit Weißwein angießen.
3. Die Zitrone heiß abwaschen, abtrocknen und die Schale mit einer feinen Reibe abreiben. Den Saft auspressen.
4. Die Schalotten schälen und feinhacken.
5. Die feuerfeste Form mit den Heilbuttfilets auf den Rost in die mittlere Einschubleiste des Backofens schieben und ca. 8 Minuten bei 180° C garen.
6. Den Mais und das Ei in den Mixer geben und den Mais ganz fein pürieren.
7. Das Weizenmehl und eine Prise Salz dazugeben und die Masse zu einem glatten Teig verarbeiten.
8. Etwas Butter in einer Bratpfanne erhitzen und kleine Maiscrêpes backen.
9. Für die Heilbuttfilets die Butter mit den Schalotten erhitzen. Mit der abgeriebenen Zitronenschale, dem Zitronensaft und etwas Salz würzen und abschmecken.
10. Die Heilbuttfilets auf vorgewärmten Tellern anrichten, mit der Zitronenbutter überziehen und mit den Maiscrêpes servieren.

Dazu gemischter Salat.

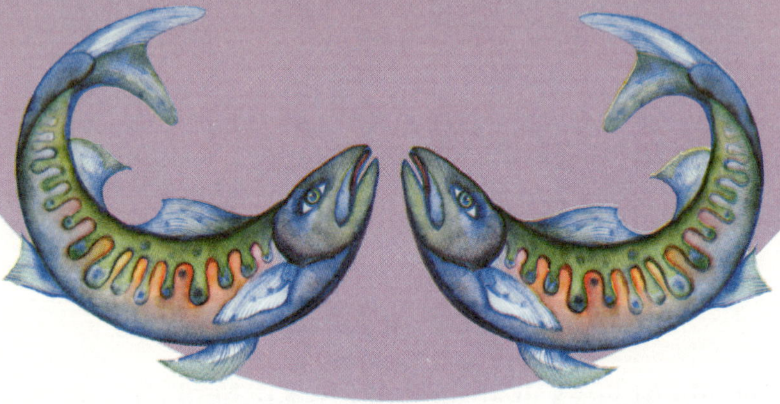

Karpfen blau mit Kräutercreme

für 6 Personen

Vorbereitungszeit:
20 Minuten

1 Karpfen ca. 1,5 kg
Salz
250 g Creme fraîche
3 EL feingehackte Kräuter (Petersilie, Dill, Kerbel, Schnittlauch)

Kochzeit:
25 Minuten
+ Vorheizen des Backofens auf 180° C

Pfeffer
Zitronensaft
1/2 TL Butter
Essig

1. Den Karpfen ausnehmen und innen und außen vorsichtig waschen. Nicht die Schleimhaut verletzen.

2. Nur innen mit Salz würzen, da sonst die gewünschte Blaufärbung beeinträchtigt wird.

3. Die Kräuter pürieren und mit der Creme fraîche mischen. Mit Salz, Pfeffer und etwas Zitronensaft würzen. Abschmecken.

4. Die Fettpfanne des Backofens mit Butter ausstreichen, den Karpfen darauf setzen und mit 1/4 l Essigwasser übergießen.

5. Den Karpfen in der Fettpfanne in die mittlere Einschubleiste des Backofens schieben und ca. 25 Minuten bei 180° C garen.

6. Filieren und auf vorgewärmten Tellern anrichten.

7. Die Kräutercreme erhitzen und den filierten Karpfen damit angießen.

Dazu kleine Pellkartoffeln.

Statt Kräutercreme kann auch Meerrettichsahne zum Karpfen serviert werden.

Lachsfilet in Kaviarsoße

Vorbereitungszeit:
10 Minuten

$^1/_4$ l Fischfond
$^1/_8$ l Riesling
180 g Creme fraîche
Salz
Pfeffer
$^1/_2$ TL Butter

Kochzeit:
20 Minuten
+ Vorheizen des Backofens auf 180°C

600 g Lachsfilet
$^1/_2$ Tasse Weißwein, trocken
50 g Keta-Kaviar

1. Den Fischfond und den Riesling bis auf wenige Eßlöffel im offenen Kochtopf einkochen.
2. Creme fraîche unterrühren und evtl. noch etwas einkochen bis die gewünschte Konsistenz erreicht ist.
3. Mit Salz und Pfeffer würzen.
4. Eine Nirostaplatte ausbuttern.
5. Das Lachsfilet portionieren und die restlichen Gräten entfernen. Mit Salz und Pfeffer würzen. Auf die Nirostaplatte legen und mit ½ Tasse Weißwein angießen. Ca. 8 Minuten bei 180° C auf der mittleren Einschubleiste des Backofens garen.
6. Die Soße erhitzen und in kleinen Portionen den Kaviar einrühren. (Auf keinen Fall darf die Soße zu heiß werden, da der Kaviar sonst gerinnt.)
7. Die Lachsfilets auf vorgewärmten Tellern anrichten und mit der Kaviarsoße umgießen.

Dazu Stangenweißbrot.

Lachsfilet mit Hechtschaum und Spinat im Blätterteig

für 8 Personen

Vorbereitungszeit:
30 Minuten

1/2 l Fischfond
1/8 l Riesling
350 g Creme fraîche
800 g Lachsfilet
100 g Hechtfilet
1/8 l Sahne
Salz
Pfeffer

Kochzeit:
6 Minuten bei 220° C
+ 15 Minuten bei 180° C
+ Vorheizen des Backofens auf 220° C
+ 10 Minuten Kochzeit für die Soße

150 g Spinat
1 TL Butter
500 g Blätterteig
1 Eiweiß
1 Eigelb

1. Den Fischfond bis auf wenige Eßlöffel einkochen und die Creme fraîche unterrühren.

2. Das Lachsfilet kalt abspülen und trocken tupfen.

3. Das Hechtfilet kalt abspülen, kleinschneiden und mit der Sahne pürieren. Durch ein feines Sieb streichen und mit Salz und Pfeffer würzen. Abschmecken und kühl stellen.

4. Den Spinat waschen, abtropfen lassen und die dicken Stiele abschneiden. Die Butter erhitzen und den Spinat darin anschwitzen. Mit Salz und Pfeffer würzen. Auf ein Sieb schütten und die Restflüssigkeit mit einem Löffelrücken ausdrücken.

5. Knapp die Hälfte des Blätterteiges in der Größe des Lachsfilets ausrollen. Das Lachsfilet mit Salz und Pfeffer würzen und auf den Blätterteig legen. Die Hechtmasse auf das Lachsfilet streichen. Die Spinatblätter glattstreichen und darüber legen.

6. Den restlichen Blätterteig etwas größer als das Lachsfilet ausrollen und den vorbereiteten Lachs damit bedecken.

7. Die Ränder mit Eiweiß bestreichen und sorgfältig zusammendrücken.

8. Den Blätterteig in der Form eines Fisches schneiden und mit einem Teelöffel den Teig schuppenartig eindrücken.

9. Den restlichen Teig zum Garnieren verarbeiten. Das Eigelb mit wenig Wasser verquirlen und den Teig damit bestreichen.

10. Die Fettpfanne ausbuttern und das Lachsfilet darauf legen. In die mittlere Einschubleiste des Backofens schieben. Ca. 6 Minuten bei 220° C und 15 Minuten bei 180° C backen. Sofort servieren.

11. Die Soße erhitzen und mit Salz und Pfeffer würzen. Abschmecken und separat zum Lachsfilet reichen.

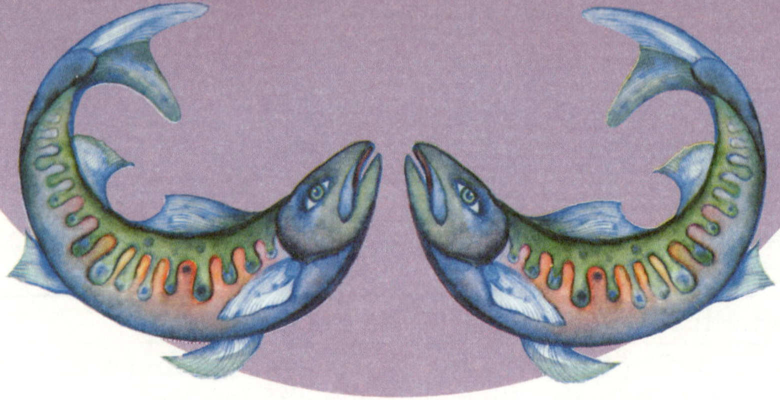

Lachsforelle in der Salzkruste mit Safrancreme

für 8 bis 10 Personen

Vorbereitungszeit: 25 Minuten

1 ganze Lachsforelle ca. 1250 g
Salz
Pfeffer
2 EL Butter
2 EL gehackte Kräuter (Petersilie, Dill, Schnittlauch)
2 Eiweiß
2000 g grobes Meersalz
$^1/_8$ l Wasser

Kochzeit: 40 Minuten bei 180° C
+ Vorheizen des Backofens auf 180° C

für die Safrancreme:
$^1/_2$ l Fischfond
$^1/_4$ l Weißwein
Salz
350 g Creme fraîche
Pfeffer
Safran

1. Die Lachsforelle ausnehmen und waschen. Die Flossen und den Schwanz etwas abschneiden.

2. Innen leicht mit Salz und Pfeffer würzen.

3. Die Butter mit den Kräutern verkneten und die Lachsforelle damit füllen.

4. Das grobe Salz mit dem Eiweiß mischen und nur so viel Wasser zugeben, bis der Salzteig geschmeidig, aber nicht zu flüssig wird. (Gut verrühren)

5. Schräg in der Größe der Lachsforelle auf die Fettpfanne des Backofens knapp die Hälfte des Salzteiges streichen. Die Lachsforelle darauf legen und mit dem restlichen Salzteig bedecken.

6. Die Fettpfanne in die mittlere Einschubleiste des Backofens schieben und die Lachsforelle ca. 30 Minuten bei 180° C garen.

7. In der Zwischenzeit für die Safrancreme den Fischfond mit dem Weißwein bis auf wenige Eßlöffel einkochen. Creme fraîche unterrühren und mit Salz und Pfeffer würzen. Mit Safran Farbe nehmen lassen und abschmecken.

8. Die Fettpfanne mit der Lachsforelle aus dem Backofen nehmen. Die Salzkruste aufschlagen und abheben.

9. Die Lachsforelle filieren und auf vorgewärmten Tellern mit der Safrancreme anrichten.

Dazu Reis.

Lachsterrine mit Dillcreme

Vorbereitungszeit:
25 Minuten
+ 45 Minuten Ruhezeit der Lachsmasse

Die Zutaten für die Terrine müssen vor der Verarbeitung gut durchgekühlt werden.

250 g Lachsfilet
1 Eiweiß
1/4 l Sahne
Salz

Kochzeit:
35 Minuten
+ Vorheizen des Backofens auf 160° C

Pfeffer
300 g Blattspinat
1 TL Butter
100 g Shrimps oder Krabben
150 g Creme fraîche
1 EL Dillspitzen
Zitronensaft

1. Den Lachs kalt abspülen, in Würfel schneiden und mit dem Eiweiß fein pürieren. Durch ein Sieb streichen. Die Sahne unterrühren und mit Salz und Pfeffer würzen. 45 Minuten im Kühlschrank ruhen lassen.

2. Den Blattspinat waschen, abtropfen lassen und die Stiele abschneiden. In leicht gesalzenem Wasser kurz blanchieren und in leicht gesalzenem Eiswasser abschrecken. Auf einem Sieb gut abtropfen lassen und die Restflüssigkeit mit einem Eßlöffelrücken herausdrücken. Die Spinatblätter glätten.

3. Eine Terrinenform mit Butter ausstreichen und die Form mit Spinatblättern auslegen.

4. Die Hälfte der Lachsmasse einfüllen und glattstreichen.

5. Die Shrimps kalt abspülen, mit Küchenkrepp trocken tupfen und in die Mitte auf die Lachsmasse in der Form verteilen.

6. Die restliche Lachsmasse in die Terrinenform geben und glattstreichen. Mit den Spinatblättern umlegen.

7. Die Form in die Fettpfanne des Backofens stellen und den Boden der Fettpfanne ca. 1 cm hoch mit Wasser bedecken.

8. Die Fettpfanne mit der Terrine in die mittlere Einschubleiste des Backofens schieben und ca. 35 Minuten bei 160° C garen.

9. In der Zwischenzeit die Creme fraîche mit den Dillspitzen verrühren. Mit Salz und Pfeffer und einigen Tropfen Zitronensaft würzen und abschmecken.

10. Die Terrine aus der Form nehmen, in etwas dickere Scheiben schneiden und mit der Dillcreme servieren. Diese Terrine kann warm oder kalt gereicht werden.

Dazu Stangenweißbrot.

Medaillons vom Meerteufel auf Kräutercreme

Vorbereitungszeit:
25 Minuten

1/4 l Fischfond
2 EL feingehackte Kräuter
(Dill, Petersilie, Schnittlauch)
200 g Creme fraîche
Salz
Pfeffer

Kochzeit:
15 Minuten
+ Vorheizen des Backofens auf 180° C

Noily Prat (franz. Wermut)
1 Meerteufelschwanz
von ca. 900 g
1 TL Butter
6 EL Weißwein

1. Den Fischfond bis auf wenige Eßlöffel einkochen.

2. Die Kräuter dazugeben und ganz fein mit dem Pürierstab des Handrührgerätes pürieren.

3. Creme fraîche unterziehen und mit Salz, Pfeffer und ein wenig Noilly Prat würzen.

4. Die Haut vom Meerteufelschwanz abziehen und die Filets abheben. Kalt abspülen. Mit Küchenkrepp trocken tupfen und in gleichgroße Medaillons schneiden.

5. Mit Salz und Pfeffer würzen.

6. Eine entsprechend große Nirostaplatte mit Butter ausstreichen.

7. Die Medaillons darauf anordnen und mit Weißwein angießen.

8. Die Nirostaplatte auf den Rost in die mittlere Einschubleiste des Backofens schieben und die Medaillons ca. 4 Minuten bei 180°C garen.

9. Die Soße erhitzen, abschmecken und einen Spiegel auf vorgewärmte Teller gießen.

10. Die Medaillons vom Meerteufel darauf anordnen.

Dazu feine Bandnudeln.

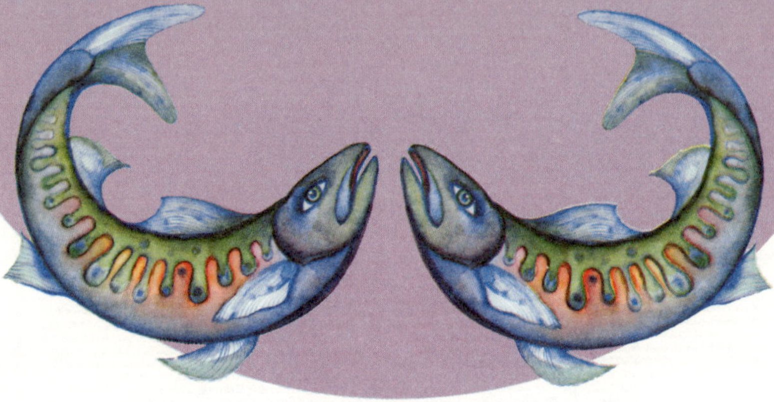

Rotbarben mit Schalottensoße

Vorbereitungszeit:
25 Minuten

100 g Schalotten
2 EL Butter
$^1/_4$ l Fischfond
$^1/_4$ l Sahne
Salz

Kochzeit:
25 Minuten
+ Vorheizen des Backofens auf 180°C

Pfeffer
Zitronensaft
1000 g Rotbarben

1. Die Schalotten schälen, feinhacken und in Butter glasig dünsten. Etwas Fischfond zugeben und die Schalotten mit dem Pürierstab des Handrührgerätes fein pürieren.
2. Den restlichen Fischfond und die Sahne unterrühren und einkochen, bis die gewünschte Konsistenz erreicht ist.
3. Mit Salz, Pfeffer und einigen Tropfen Zitronensaft würzen und abschmecken.
4. Die Rotbarben filieren und kalt abspülen.
5. Die Schalottensoße in eine flache feuerfeste Form füllen.
6. Die Filets mit Salz und Pfeffer würzen und auf die Schalottensoße legen.
7. Auf den Rost in die mittlere Einschubleiste des Backofens schieben und ca. 8 Minuten bei 180° C garen.
8. Die Filets von den Rotbarben auf vorgewärmten Tellern anrichten.
9. Die Schalottensoße evtl. noch etwas einkochen und die Fischfilets damit umgießen.

Dazu Reis und Broccoli.

Savarin von Jakobsmuscheln auf Tomatensoße

Vorbereitungszeit:
25 Minuten

250 g Tomaten
2 Schalotten
50 g Butter
1/4 l Fischfond
1/4 l Sahne
1 Prise Zucker
Salz
Pfeffer
Basilikum

Kochzeit:
35 Minuten
+ Vorheizen des Backofens auf 180° C

Alle Zutaten für den Savarin müssen bis zur Verarbeitung gut durchgekühlt werden.

250 g Jakobsmuscheln
1/4 l Sahne
2 Eiweiß
1 TL Butter

1. Die Tomaten in kochendes Wasser tauchen und kalt abschrecken. Die Haut abziehen und den Stielansatz entfernen. Vierteln.

2. Die Schalotten schälen, feinhacken und in Butter glasig dünsten. Die Tomatenviertel zugeben, andünsten und mit dem Pürierstab des Handrührgerätes pürieren. Durch ein Sieb streichen.

3. Den Fischfond mit der Sahne dickflüssig im offenen Kochtopf einkochen.

4. Das Tomatenpüree unterrühren und mit der Prise Zucker, Salz, Pfeffer und etwas Basilikum würzen. Falls erforderlich noch etwas einkochen. Abschmecken.

5. Die Jakobsmuscheln putzen, kalt abspülen und halbieren (das Corail beiseite legen). Mit der Sahne und dem Eiweiß fein pürieren und mit Salz und Pfeffer würzen. Die Masse durch ein feines Sieb streichen.

6. 30 Minuten in den Kühlschrank stellen und abschmecken.

7. Die Savarinförmchen mit Butter ausstreichen, die vorbereitete Masse einfüllen und glattstreichen.

8. Die Fettpfanne des Backofens knapp 1 cm mit Wasser bedecken. Die Förmchen hineinstellen und ca. 20 Minuten bei 160° C garen.

9. Das Corail mit Salz und Pfeffer würzen und je nach Größe ca. 1 Minute in Butter braten.

10. Die Soße erhitzen, abschmecken und einen Spiegel auf vorgewärmte Teller gießen. Den Savarin von Jakobsmuscheln in die Mitte darauf setzen und mit dem Corail füllen.

Dazu Stangenweißbrot oder wilder Reis.

Seezungenröllchen mit Schnittlauchsoße

Vorbereitungszeit: 25 Minuten

1/4 l Fischfond
200 g Creme fraîche
1 EL Wermut, trocken
Salz
Pfeffer
8 Seezungenfilets ca. 750 g

Kochzeit: 20 Minuten
+ Vorheizen des Backofens auf 180° C

100 g Spinat
8 Holzspießchen (Zahnstocher)
1/2 TL Butter
1/16 l Weißwein, trocken
1 Bund Schnittlauch

1. Den Fischfond sämig einkochen, Creme fraîche und den Wermut unterrühren und mit Salz und Pfeffer würzen.

2. Die Seezungenfilets mit kaltem Wasser abspülen, mit Küchenkrepp trocken tupfen und mit Salz und Pfeffer würzen.

3. Die Stiele von den Spinatblättern entfernen und den Spinat waschen.

4. Die Spinatblätter kurz in kochendes, leicht gesalzenes Wasser tauchen und mit Eiswasser abschrecken. Abtropfen lassen und die Restflüssigkeit auf einem Sieb mit einem Löffelrücken ausdrücken.

5. Die Spinatblätter auseinander legen, glätten und auf die Seezungenfilets verteilen.

6. Die Seezungenfilets zusammenrollen und jeweils mit einem Holzspießchen fest stecken.

7. Eine kleine Nirostaplatte mit Butter ausstreichen. Die Seezungenröllchen darauf legen, mit Weißwein angießen und die Platte auf den Rost in die mittlere Einschubleiste des Backofens schieben. Ca. 8 Minuten bei 180°C garen.

8. Den Schnittlauch kalt abspülen, mit Küchenkrepp trocken tupfen und mit der Schere in feine Ringe schneiden.

9. Die Soße erhitzen, die Schnittlauchringe einrühren und die Soße abschmecken.

10. Von der Schnittlauchsoße jeweils einen Spiegel auf vorgewärmte Teller gießen.

11. Die Seezungenröllchen in der Mitte halbieren, die Holzspießchen entfernen und mit den Schnittstellen nach oben auf die Schnittlauchsoße setzen.

Dazu trockener Reis und grüner Salat.

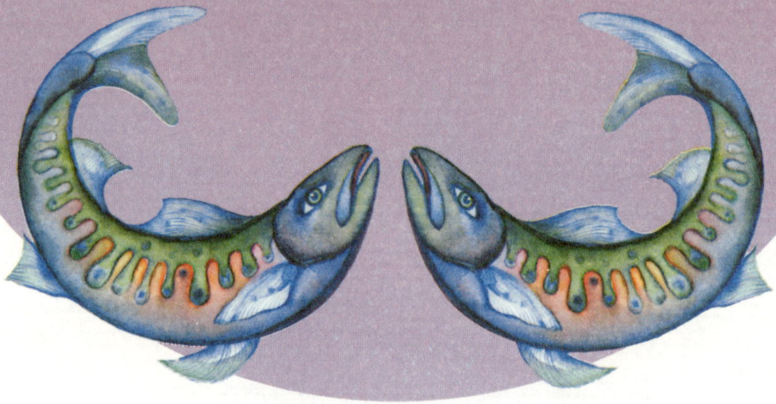

Soufflierter Lachs

Der soufflierte Lachs ist eine Spezialität der Brüder Haeberlin »Auberge de l'Ill« in Illhäusern, den sie in höchster Vollendung servieren.

Vorbereitungszeit: 20 Minuten
+ 30 Minuten Ruhezeit der Hechtmasse

Alle Zutaten für die Soufflémasse müssen gut durchgekühlt sein.

600 g Lachs
150 g Filet vom Hecht
150 g Sahne
1 Eigelb
Salz
Pfeffer

Kochzeit: 35 Minuten
+ Vorheizen des Backofens auf 180°C

1 Eiweiß
1/4 l Riesling
1/4 l Fischfond
1/4 l Sahne
Zitronensaft
1/2 TL Butter
1/2 Tasse Riesling
Kerbelblättchen

1. Den Lachs filieren und in vier Portionen teilen.

2. Das Filet vom Hecht kalt abspülen, mit Küchenkrepp trocken tupfen und die restlichen Gräten entfernen. Das Hechtfleisch kleinschneiden und in kleinen Portionen mit der Sahne pürieren. Durch ein Sieb streichen, das Eigelb unterrühren und mit Salz und Pfeffer würzen. Das Eiweiß steif schlagen und unter die vorbereitete Masse heben. Abschmecken und 30 Minuten im Kühlschrank ruhen lassen.

3. In der Zwischenzeit den Riesling mit dem Fischfond und der Sahne im offenen Topf sämig einkochen. Mit Zitronensaft, Salz und Pfeffer würzen und abschmecken.

4. Die Lachsscheiben kalt abspülen, mit Küchenkrepp trocken tupfen und mit Salz und Pfeffer würzen. Die Hechtfarce in vier Portionen aufteilen und auf die Lachstranchen streichen.

5. Eine entsprechend große Nirostaplatte mit Butter ausstreichen und den vorbereiteten Lachs auf die Platte setzen. Mit 1/2 Tasse Riesling angießen.

6. Die Nirostaplatte auf den Rost in die mittlere Einschubleiste des Backofens schieben und ca. 15 Minuten bei 180° C garen.

7. Den soufflierten Lachs auf vorgewärmten Tellern anrichten. Die Soße erhitzen, mit dem Pürierstab des Handrührgerätes durchschlagen, abschmecken und den Lachs mit der Soße angießen.

8. Mit einigen Kerbelblättchen garnieren.

Dazu Stangenweißbrot.

Steinbuttfilet mit Lachscreme

Vorbereitungszeit:
20 Minuten

für die Lachscreme:
50 g geräucherter Lachs
1/8 Fischfond
150 g Creme fraîche
Salz
Pfeffer
4 EL Weißwein, trocken

Kochzeit:
6 Minuten
+ Vorheizen des Backofens auf 180° C

600 g Steinbuttfilet
1/2 TL Butter
1/2 Tasse Weißwein, trocken

1. Den geräucherten Lachs in kleine Würfel schneiden. Mit dem Pürierstab des Handrührgerätes in dem Fischfond pürieren und durch ein Sieb streichen. Creme fraîche unterrühren und mit Salz und Pfeffer würzen. Den Weißwein unterrühren.

2. Die Steinbuttfilets kalt abspülen, portionieren, mit Küchenkrepp trocken tupfen und mit Salz und Pfeffer würzen.

3. Eine entsprechend große Nirostaplatte mit Butter ausstreichen. Die Steinbuttfilets darauf legen und mit Weißwein angießen.

4. Die Nirostaplatte mit den Steinbuttfilets auf den Rost in die mittlere Einschubleiste des Backofens schieben und ca. 6 Minuten bei 180° C garen.

5. Die Lachscreme abschmecken.

6. Die Steinbuttfilets auf vorgewärmten Tellern anrichten und mit der Lachscreme angießen. (Die Lachscreme wird nicht erhitzt.)

Dazu grüner Salat und Kartoffelgratin.

Steinbuttfilet in Zitronensahne

Vorbereitungszeit:
15 Minuten

$^1/_4$ l Fischfond
$^1/_4$ l Sahne
1 Zitrone, ungespritzt
Salz
Pfeffer
2 Schalotten

Kochzeit:
20 Minuten
+ Vorheizen des Backofens auf 180° C

800 g Steinbuttfilets
$^1/_2$ TL Butter
1 Bund Petersilie

1. Den Fischfond und die Sahne sämig einkochen.
2. Die Zitrone heiß abwaschen, abtrocknen, die Schale mit einer feinen Reibe abreiben und den Saft aus der Zitrone auspressen.
3. Den reduzierten Fond mit Salz, Pfeffer, abgeriebener Zitronenschale und Zitronensaft würzen und abschmecken.
4. Die Schalotten schälen und feinhacken.
5. Die Steinbuttfilets kalt abspülen, mit Küchenkrepp trocken tupfen, portionieren und mit Salz und Pfeffer würzen.
6. Eine flache feuerfeste Form mit Butter ausstreichen und die Schalotten hinein streuen. Die Steinbuttfilets darauf anordnen und mit der Zitronensahne begießen.
7. Die Auflaufform auf den Rost in die mittlere Einschubleiste des Backofens schieben und ca. 8 Minuten bei 180° C garen.
8. Die Petersilie waschen, trocken tupfen, die Stiele abschneiden und die Blätter feinhacken.
9. Die Steinbuttfilets auf vorgewärmten Tellern anrichten und mit der Petersilie bestreuen. Die Soße in einen Kochtopf geben und bis auf die gewünschte Konsistenz einkochen. Den Fisch mit der Soße angießen und servieren.

Dazu trockener Reis.

Weinbergschnecken mit Kräuterbutter

Vorbereitungszeit: 25 Minuten

6 Dutzend Schnecken (aus der Dose)
45 g Butter
1/8 l braunen Kalbsfond
1/8 l Riesling, trocken

Kochzeit: 10 Minuten
+ Vorheizen des Backofens auf 180° C

für die Kräuterbutter:
200 g Butter
2 Schalotten
1 Knoblauchzehe
1 EL gehackte Petersilie
1 TL Schnittlauchringe
Salz
Pfeffer

1. Die Schnecken auf ein Sieb schütten und gut abtropfen lassen.
2. Die Butter in einer Bratpfanne erhitzen, die Schnecken hineinschütten und unter wiederholtem Wenden andünsten.
3. Den Kalbsfond und den Riesling zugeben, erhitzen und zugedeckt ca. 5 Minuten garen. Erkalten lassen.
4. Die Butter für die Kräuterbutter bei Zimmertemperatur etwas geschmeidig werden lassen.
5. Die Schalotten und die Knoblauchzehe schälen und durch die Knoblauchpresse drücken.
6. Die Butter mit den Schalotten, der Knoblauchzehe, der Petersilie und den Schnittlauchringen mischen und mit Salz und Pfeffer würzen.
7. Die Schnecken mit etwas Sud in die Schneckenhäuser füllen und mit Kräuterbutter zustreichen.
8. Die Schneckenhäuser mit der Öffnung nach oben in eine Schneckenform legen und ca. 10 Minuten unter dem Grill oder bei 180° C im Backofen heiß werden lassen.
9. Sofort servieren.

Dazu Weißbrot oder Toast.

Gerichte mit Schalen- und

KRUSTENTIEREN

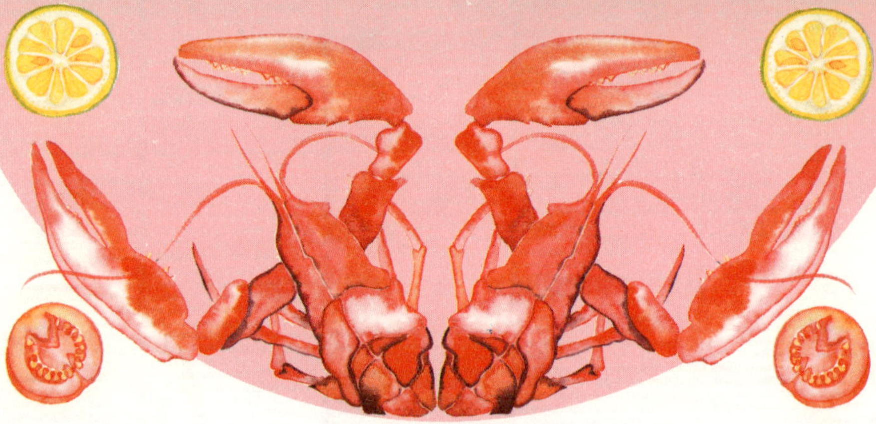

Badische Schneckencremesuppe

Vorbereitungszeit: 15 Minuten

1 kleine Stange Lauch
2 Schalotten
30 g Butter
3/4 l Kalbsfond
16 Weinbergschnecken

Kochzeit: 20 Minuten

1/8 l Weißwein, trocken
1/8 l Sahne
1 TL Meerrettich
Salz
Pfeffer

1. Den Lauch an den Enden abschneiden, längs halbieren und unter fließendem Wasser waschen. In 3 cm lange Stücke schneiden.
2. Die Schalotten schälen und kleinschneiden.
3. Butter in einem Topf erhitzen, den Lauch und die Schalotten darin anschwitzen.
4. Mit Kalbsfond ablöschen und 10 Minuten köcheln.
5. Die Schnecken vierteln, zum Kalbsfond geben und ca. 5 Minuten ziehen lassen.
6. Die Schnecken mit den Schalotten und dem Lauch im Mixer oder mit dem Pürierstab des Handrührgerätes pürieren.
7. Den Weißwein und die Sahne zugeben. Erhitzen und mit Meerrettich, Salz und Pfeffer würzen.
8. Die Schneckencremesuppe abschmecken und in vorgewärmten Suppentassen servieren.

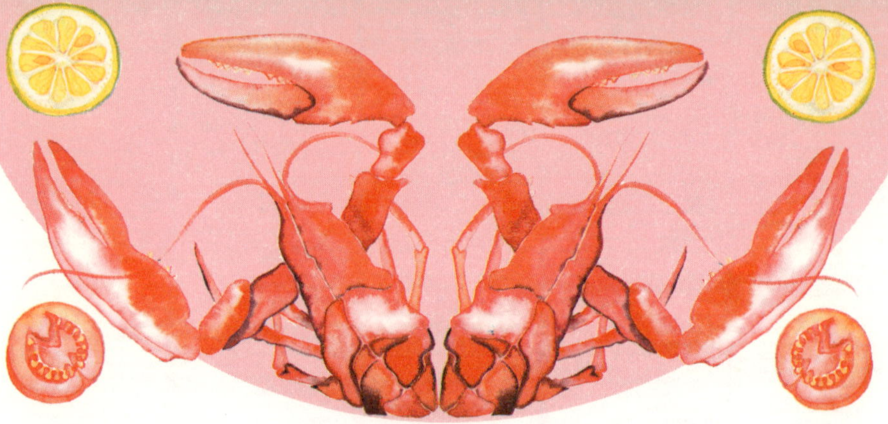

Grüne Nudeln mit Shrimps

Vorbereitungszeit:
10 Minuten

2 l Wasser
Salz
200 g grüne Nudeln
250 g Shrimps

Kochzeit:
5 Minuten

200 g Creme fraîche
Pfeffer
2 EL geriebenen Parmesankäse

1. Das Wasser leicht salzen und zum Kochen bringen.
2. Die Nudeln in das kochende Wasser geben, umrühren und je nach Sorte ca. 4 Minuten köcheln.
3. Das Wasser abgießen und die Nudeln mit kaltem Wasser abschrecken. Gut abtropfen lassen.
4. Die Shrimps kurz mit kaltem Wasser abspülen und mit Küchenkrepp trocken tupfen.
5. Die Creme fraîche erhitzen und mit Salz und Pfeffer würzen.
6. Die grünen Nudeln dazugeben und unter wiederholtem Wenden erhitzen. Mit Salz und Pfeffer würzen.
7. Die Shrimps unterrühren und warm werden lassen. Abschmecken.
8. Die grünen Nudeln mit den Shrimps auf vorgewärmten Tellern anrichten und mit Parmesankäse bestreuen.

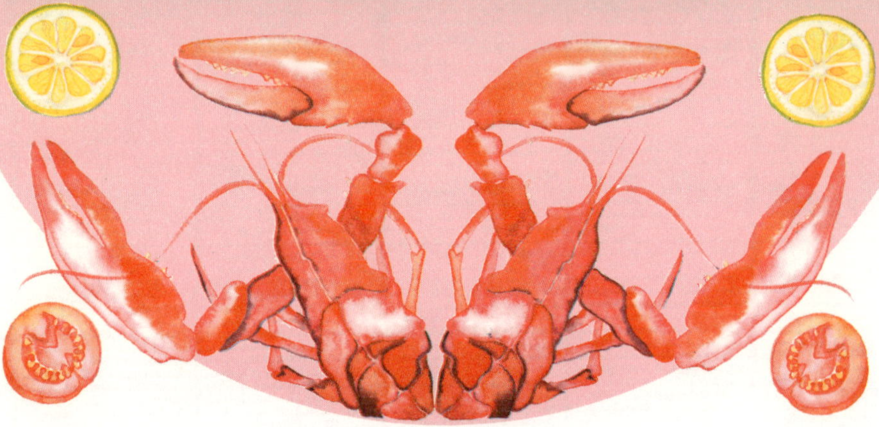

Jakobsmuscheln mit feinen Lauchstreifen in Safrancreme

Vorbereitungszeit: 15 Minuten

2 Schalotten
1 Stange Lauch
30 g Butter
Salz
Pfeffer
1/4 l Fischfond

Kochzeit: 20 Minuten

2 EL Wermut, trocken (Noilly Prat) (französischer Wermut)
1/4 l Sahne
Zitronensaft
Safran
20 Jakobsmuscheln

1. Die Schalotten schälen und feinhacken.

2. Den Lauch an den Enden abschneiden, längs halbieren und unter fließendem Wasser waschen. Längs in streichholzlange dünne Streifen schneiden.

3. Butter erhitzen, die Schalotten und den Lauch darin anschwitzen. Mit Salz und Pfeffer würzen.

4. Den Fischfond mit dem Wermut und der Sahne sämig einkochen. Mit Salz, Pfeffer und Zitronensaft würzen, abschmecken und mit Safran Farbe nehmen lassen.

5. Die Jakobsmuscheln kalt abspülen, (evtl. Häute abstreifen), mit Küchenkrepp trocken tupfen und den Haltemuskel abschneiden. Mit Salz und weißem Pfeffer würzen.

6. Die Jakobsmuscheln in die Safrancreme legen und ca. 1½ Minuten, je nach Größe von jeder Seite garziehen lassen.

7. Den Lauch erhitzen und mit den Jakobsmuscheln und der Safrancreme auf vorgewärmten Tellern anrichten.

Dazu trockener Reis und grüner Salat.

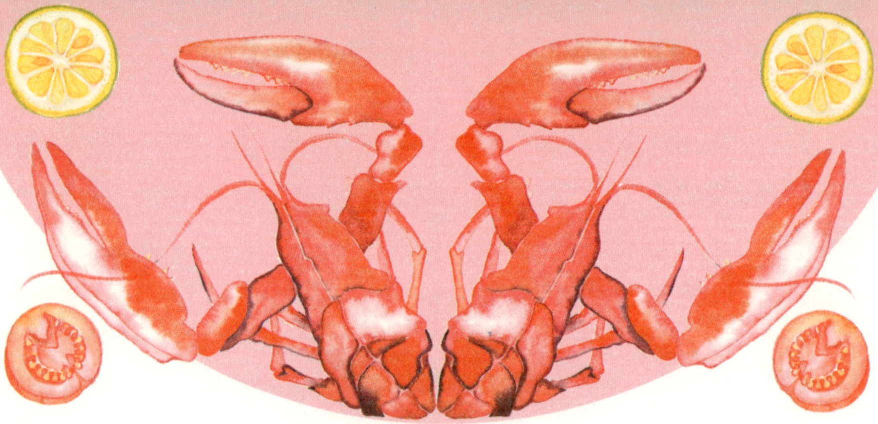

Hummersalat

Vorbereitungszeit: 25 Minuten

1/2 Kopf Frisée-Salat
3 EL Balsamico-Essig
10 EL Öl (Extra Vergine)
Salz
Pfeffer
Zitronensaft
2 Schalotten

Kochzeit: 15 Minuten

1 TL Butter
1 3/4 l Wasser
3/4 l Weißwein, trocken
1 Lorbeerblatt
1 Bund Dill
2 lebende Hummer à 600 g

1. Vom Frisée-Salat nur die zarten gelben Blätter waschen, mit Küchenkrepp trocken tupfen und auf großen flachen Tellern anordnen.

2. Den Essig mit dem Öl verrühren. Mit Salz, Pfeffer und Zitronensaft würzen und abschmecken.

3. Die Schalotten schälen, in Scheiben schneiden und in Butter in einem entsprechend großen Kochtopf dünsten.

4. Das Wasser, den Weißwein, das Lorbeerblatt und den gewaschenen Dill zugeben.

5. Mit Salz und Pfeffer würzen und ca. 7 Minuten köcheln.

6. Den Sud sprudelnd aufkochen und die lebenden Hummer mit dem Kopf zuerst in den kochenden Sud geben. Aufkochen lassen und den Kochtopf von der Kochstelle nehmen. Die Hummer ca. 10 Minuten garziehen lassen.

7. Das Hummerfleisch aus der Karkasse herauslösen und in mundgerechte Stücke schneiden. (Vorher den Darm entfernen.)

8. Den Frisée-Salat mit der Salatsoße (mit einem Küchenpinsel) bestreichen.

9. Das Hummerfleisch auf dem Salat anrichten und ebenfalls mit der Soße überziehen.

Dazu Stangenweißbrot und Butter.

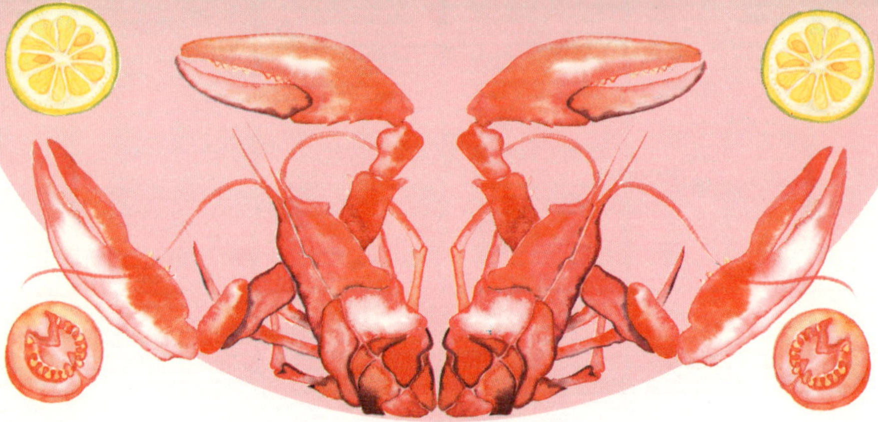

Hummersuppe

Vorbereitungszeit: 20 Minuten

2 l Wasser
Meersalz
Kümmelpulver
1/2 Bund Dill
1 lebenden Hummer ca. 750 g
30 g Butter
2 EL Cognac
5/8 l Rinderfond

Kochzeit: 80 Minuten

1 Fleischtomate
1/2 Bund Suppengrün
1 Lorbeerblatt
1 Thymianzweig
1/4 l Sahne
1/8 l Weißwein, trocken
5 Eigelb
Pfeffer

1. Das Wasser zum Kochen bringen und leicht mit Meersalz und Kümmelpulver würzen.

2. Den Dill waschen und zugeben.

3. Den Hummer mit dem Kopf zuerst in das sprudelnd kochende Wasser gleiten lassen. Das Wasser wieder aufkochen und den Hummer ca. 12 Minuten gar sieden (nicht kochen).

4. Etwas abkühlen lassen und das Hummerfleisch aus den Scheren und dem Schwanz herauslösen. Den Darm entfernen.

5. Das grüne Hummermark herausnehmen und beiseite stellen.

6. Die Hummerschalen zerkleinern.

7. Butter in einer Bratpfanne erhitzen und die Hummerschalen darin unter wiederholtem Wenden anrösten.

8. Den Cognac darübergießen und anzünden.

9. Mit Rinderfond ablöschen und aufkochen.

10. Die Fleischtomate mit dem Suppengrün waschen, putzen und kleinschneiden. Mit dem Lorbeerblatt und dem Thymianzweig in den Rinderfond geben. Ca. 45 Minuten kochen und dann durch ein Sieb schütten.

11. Die Sahne und den Weißwein in die Suppe gießen und die Suppe aufkochen. Das grüne Hummermark unterrühren.

12. Das Eigelb verquirlen, in die Suppe rühren, erhitzen aber nicht mehr kochen.

13. Mit Salz und Pfeffer würzen und abschmecken.

14. Das Hummerfleisch in mundgerechte Stücke schneiden. In gut vorgewärmte Suppentassen verteilen und die Suppe einfüllen.

Man kann die Hummersuppe mit einem Sahnetupfer servieren.

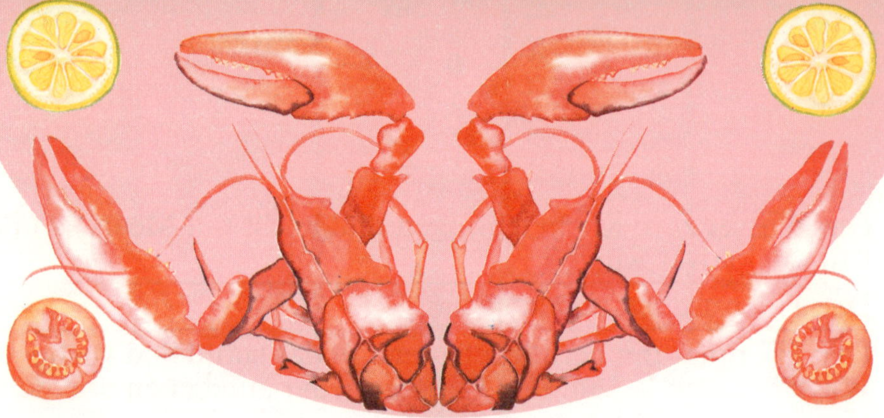

Hummerkrabben-Schwänze auf Estragonsoße

Vorbereitungszeit: 25 Minuten

2 Tomaten
2 Schalotten
850 g Hummerkrabben-Schwänze
1 EL Butter
1/4 l Weißwein, trocken
3 EL Sherry
1/4 l Sahne

Kochzeit: 35 Minuten

Salz
Pfeffer
1/2 l Wasser
1/4 l Weißwein, trocken
3 Dillzweige
1 EL Estragonblättchen
8 kleine Blätter Frisée-Salat

1. Die Tomaten kalt abspülen und in Scheiben schneiden. Die Schalotten schälen und hacken.

2. Auf der unteren Seite die Schalen der Hummerkrabben-Schwänze mit einer Schere aufschneiden und das Fleisch herauslösen.

3. Die Schalen kalt abspülen und mit Küchenkrepp trocken tupfen.

4. Etwas Butter in einem Kochtopf erhitzen und die Schalen mit den Schalotten darin unter wiederholtem Wenden anrösten.

5. Mit dem Weißwein und dem Sherry ablöschen. Die Sahne dazugeben und ca. 20 Minuten zugedeckt sanft köcheln. Den Sud durch ein Sieb in einen anderen Kochtopf schütten und den Weinfond im offenen Kochtopf sämig einkochen.

6. Mit Salz und Pfeffer würzen.

7. Das Wasser mit dem Weißwein und den Dillzweigen aufkochen und mit etwas Salz würzen. Die Hummerkrabben-Schwänze in zwei Portionen hineingeben, erhitzen (nicht kochen) und je nach Größe in ca. 2 Minuten garziehen lassen. Herausnehmen und gut abtropfen lassen.

8. Die Soße erhitzen und die Hälfte der Estragonblättchen hineingeben. Abschmecken.

9. Von der Soße einen Spiegel auf vorgewärmte Teller gießen. Die Hummerkrabben-Schwänze mit etwas Frisée-Salat darauf anrichten und mit den restlichen Estragonblättchen garnieren.

Dazu Stangenweißbrot.

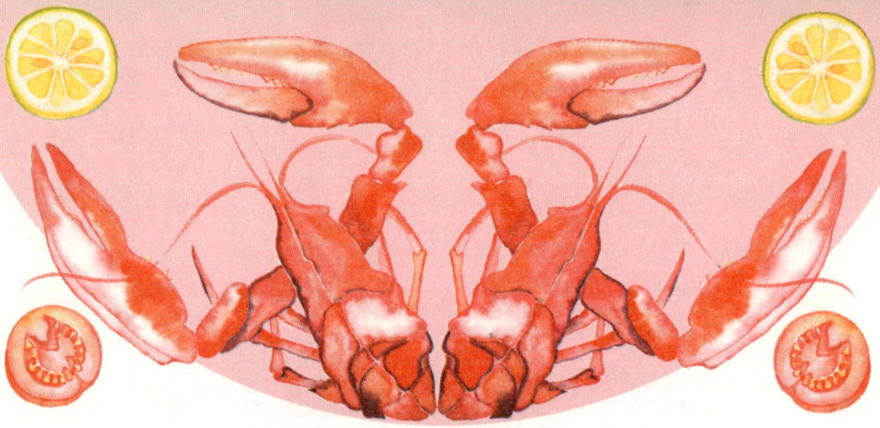

Krabben-Käse-Salat

Vorbereitungszeit: 20 Minuten + 20 Minuten Ziehenlassen des Salates

Dressing für den Salat
2 EL Cherry-Essig
5 EL Nußöl
Zitronensaft
Salz
Pfeffer
250 g Gouda Käse
300 g geschälte Krabben
1 Bund Schnittlauch

1. Aus den angegebenen Zutaten das Dressing für den Salat herstellen.
2. Den Gouda Käse in kleine Würfel schneiden.
3. Die Krabben kurz abspülen und gut abtropfen lassen.
4. Den Schnittlauch waschen, mit Küchenkrepp trocken tupfen und mit der Schere in feine Ringe schneiden.
5. Den Käse, die Krabben und den Schnittlauch in eine Schüssel geben und das Dressing unterheben. Nach 10 Minuten umrühren und weitere 10 Minuten ziehen lassen.
6. Den Krabben-Käse-Salat abschmecken und servieren.

Dazu gebuttertes Vollkornbrot.

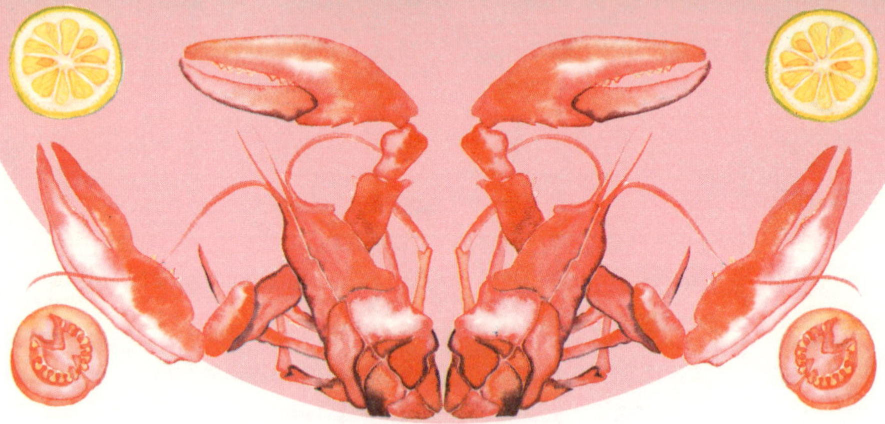

Krabbensuppe

Vorbereitungszeit: 10 Minuten

¾ l Geflügelfond
100 g Creme fraîche
1 säuerlichen Apfel
2 Eigelb
Salz

Kochzeit: 1 Minute

Pfeffer
Zitronensaft
Curry
250 g geschälte Krabben
1 TL Estragonblättchen

1. Den Geflügelfond erhitzen und die Creme fraîche unterrühren.

2. Den Apfel schälen und mit der Rohkostraffel in den Geflügelfond raffeln. Erhitzen.

3. Den Geflügelfond zur Seite stellen. Das Eigelb verquirlen und einrühren.

4. Die Suppe mit Salz, Pfeffer, Zitronensaft und Curry würzen. Erhitzen.

5. Die Krabben kurz unter kaltem Wasser abspülen, gut abtropfen lassen und in vorgewärmte Suppentassen verteilen.

6. Die Krabbensuppe abschmecken, über die Krabben in die Suppentassen füllen und mit Estragonblättchen bestreut servieren.

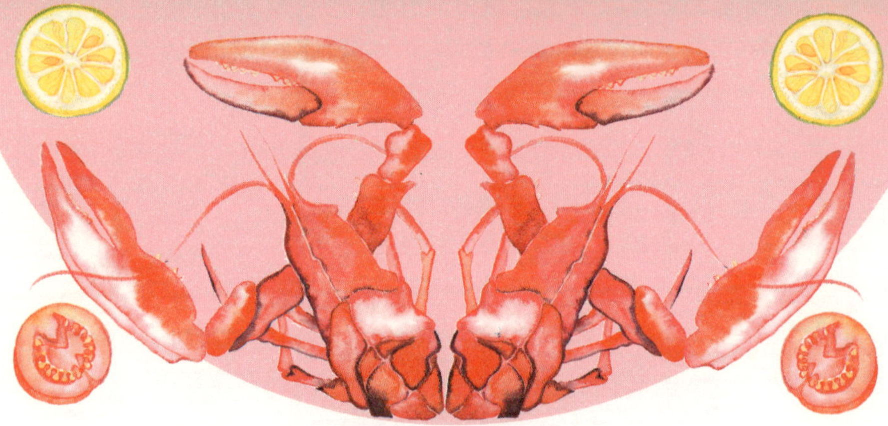

Krabben-Omelett

Vorbereitungszeit: 15 Minuten

250 g Krabben
80 g Creme fraîche
1 EL feingehackte Kräuter
Zitronensaft
Salz

Kochzeit: 15 Minuten

Pfeffer
8 Eier
4 EL Milch
50 g Butter
1 Zitrone

1. Die Krabben kurz abspülen und gut abtropfen lassen.

2. Creme fraîche mit den Kräutern mischen und mit Zitronensaft, Salz und Pfeffer würzen. Abschmecken.

3. Die Eier mit der Milch in einem Topf verrühren und mit Salz und Pfeffer würzen.

4. Etwas Butter in einer Bratpfanne erhitzen und jeweils $1/4$ der Eiermasse hineingeben. Durch Hin- und Herbewegen der Bratpfanne die Eiermasse über den ganzen Pfannenboden verteilen und auf der Kochstelle stocken lassen.

5. Die Omeletts auf vorgewärmte Teller legen.

6. Die Krabben mit der Kräutercreme erhitzen, abschmecken und auf eine Omeletthälfte geben. Die andere Omeletthälfte darüber klappen.

7. Die Zitrone achteln und die Omeletts damit garnieren.

Dazu grüner Salat.

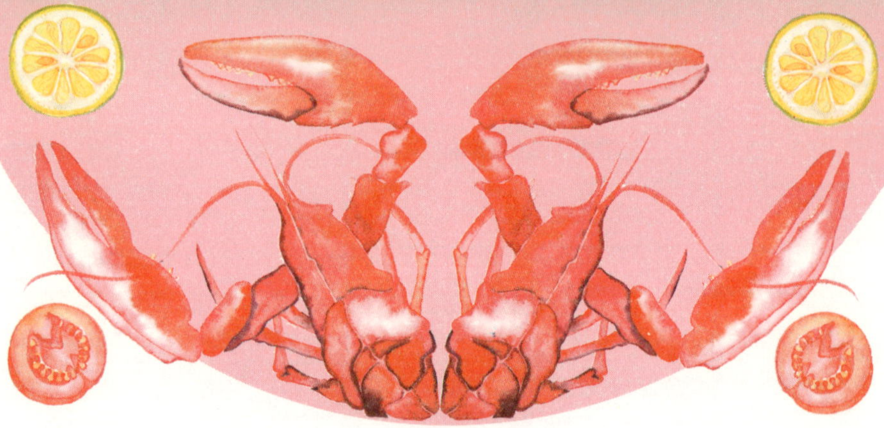

Krebse in eigener Soße

Vorbereitungszeit: 45 Minuten

40 mittelgroße lebende Krebse
2 1/2 l Milch
Salz
1 Bund Dill
Cayennepfeffer
Rosenpaprika
1 TL Dillspitzen

Kochzeit: 35 Minuten

für die Soße:
1 Zwiebel
80 g Tomatenmark
5 EL Olivenöl
1/8 l Weißwein, trocken
1 EL Noilly Prat
(französischer Wermut)
1 EL Cognac
1 Stange Staudensellerie
1 Möhre
1/2 l Geflügelfond
1/4 l Sahne
Salz
Rosenpaprika
Cayennepfeffer

1. Die Krebse bis zum Kochen in kalte Milch legen.

2. Reichlich leicht gesalzenes Wasser zum Kochen bringen. Den Dill hineingeben und mit Cayennepfeffer und Rosenpaprika würzen.

3. Die Krebse waschen und in das kochende Wasser geben. Bis zum Siedepunkt erhitzen und je nach Größe ca. 3 Minuten garziehen lassen.

4. Die Krebse aus dem Sud nehmen und das Krebsfleisch ausbrechen.

5. Die Zwiebel schälen und in Scheiben schneiden.

6. Von den Krebsen die Karkassen mit den Zwiebelscheiben und dem Tomatenmark in erhitztem Olivenöl unter wiederholtem Wenden anrösten.

7. Das überschüssige Öl abschütten und den Fond mit dem Weißwein, dem Noilly Prat und dem Cognac ablöschen. Bis auf wenige Eßlöffel einkochen.

8. Den Staudensellerie und die Möhre putzen, waschen und kleinschneiden. Das Gemüse mit dem Geflügelfond zu den Karkassen geben und ca. 15 Minuten im geschlossenen Kochtopf köcheln. Durch ein Sieb in einen anderen Kochtopf schütten.

9. Im geöffneten Kochtopf auf 1/8 l Flüssigkeit einkochen. Die Sahne zugeben und auf die gewünschte Konsistenz reduzieren.

10. Mit Salz, Rosenpaprika und Cayennepfeffer würzen.

11. Die Krebssoße erhitzen, abschmecken und das Krebsfleisch darin erwärmen.

12. Auf vorgewärmten Tellern anrichten und mit Dillspitzen bestreut servieren.

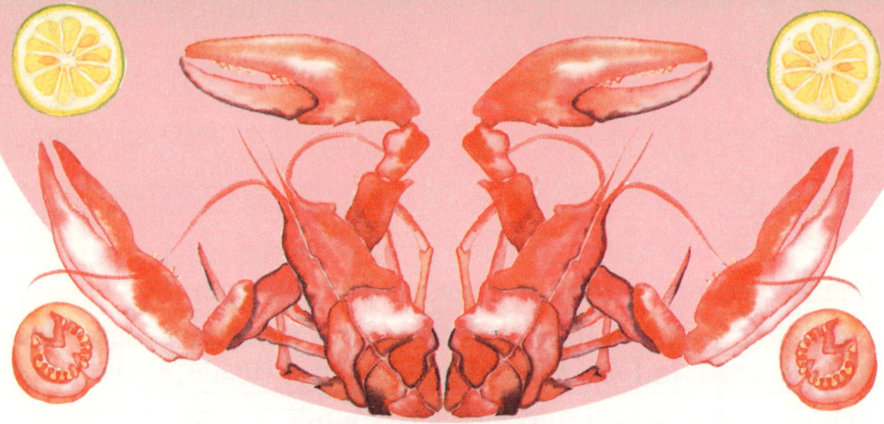

Krebse in Riesling

Vorbereitungszeit: 30 Minuten

48 mittelgroße lebende Krebse
2 1/2 l Milch
1 Möhre
1 Zwiebel
2 Schalotten
1 kleine Stange Lauch
1 EL Tomatenmark

Kochzeit: 40 Minuten

20 g Butter
1 l Fischfond
1/2 l Riesling, trocken
1 Bund Dill
Salz
Pfeffer
Kümmelpulver

1. Die Krebse bis zum Kochen in kalte Milch legen.

2. Das Gemüse waschen, putzen, kleinschneiden und mit Tomatenmark in einem Kochtopf in Butter andünsten.

3. Den Fischfond zugießen und ca. 30 Minuten zugedeckt köcheln.

4. Anschließend durch ein Sieb in einen anderen Kochtopf schütten. Den Riesling und den gewaschenen Dill dazugeben und mit Salz, Pfeffer und Kümmelpulver würzen.

5. Die Krebse waschen.

6. Den Sud sprudelnd aufkochen und die lebenden Krebse hineinschütten. Bis zum Siedepunkt heiß werden und ca. 4 Minuten auf kleiner Schaltstufe garziehen lassen.

7. Den Kochsud abschmecken.

8. Die Krebse in tiefen Tellern mit etwas Kochsud servieren.

Den Schwanz der Krebse einfach abdrehen und das Fleisch herausschälen. Die Scheren schmecken besonders gut und dürfen nicht vergessen werden.

Zu diesem Gericht pro Person eine Fingerschale mit Wasser und einer Zitronenscheibe bereitstellen.

Vorsicht, Flecken von Flußkrebsen lassen sich nur sehr schwer wieder entfernen.

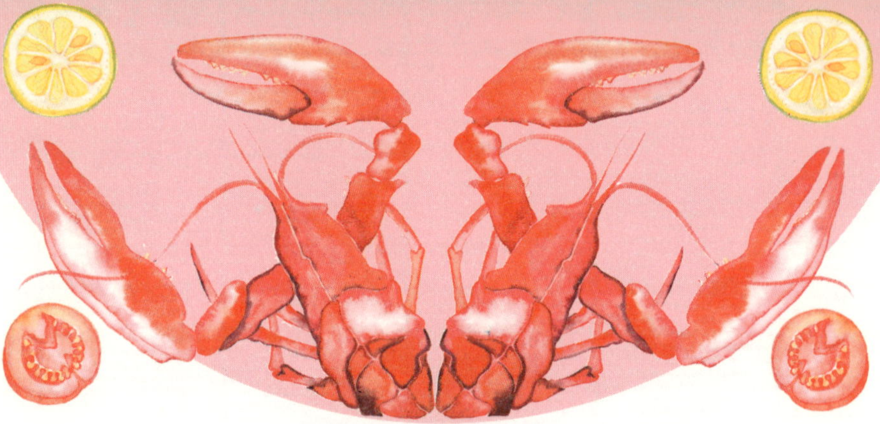

Langustinen-Schwänze mit Dillcreme

Vorbereitungszeit: 15 Minuten

2 Bund Dill
200 g Creme fraîche
Salz
Pfeffer

Kochzeit: 4 Minuten

Zitronensaft
800 g Langustinen-Schwänze ohne Schalen
40 g Butter

1. Den Dill waschen und mit Küchenkrepp trocken tupfen. Die dicken Stiele entfernen und die Blättchen feinhacken.

2. Creme fraîche mit dem Dill verrühren und mit Salz, Pfeffer und einigen Tropfen Zitronensaft würzen. Erhitzen und abschmecken.

3. Die Langustinen-Schwänze längs halbieren, den Darm herausziehen und leicht mit Salz und Pfeffer würzen.

4. Etwas Butter in einer Bratpfanne erhitzen und die Langustinen-Schwänze je nach Größe ca. 1 1/2 Minuten unter wiederholtem Wenden in mehreren Portionen braten.

5. Die Langustinen-Schwänze mit der heißen Dillcreme auf vorgewärmten Tellern anrichten.

Dazu Stangenweißbrot.

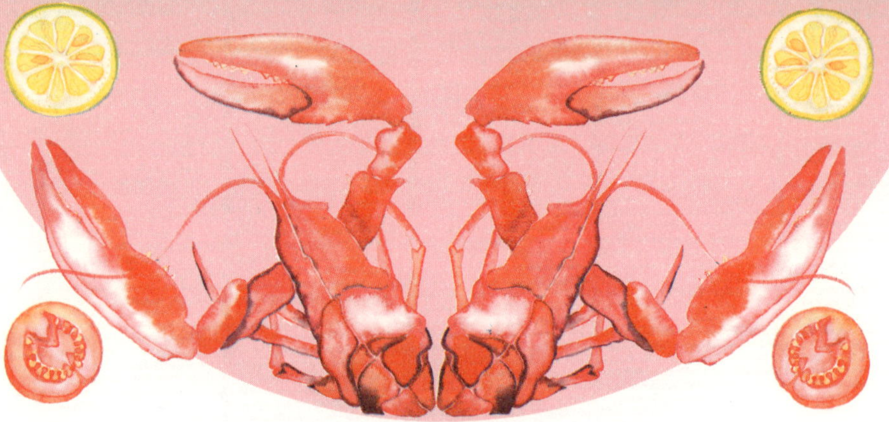

Muschelragout

Muscheln gibt es in den Monaten mit » r «
– von September bis April –.

Vorbereitungszeit: 30 Minuten

350 g Stangensellerie
1 kg Muscheln
2 Zwiebeln
1 TL Butter
$^{1}/_{4}$ l Weißwein
$^{1}/_{4}$ l Wasser

Kochzeit: 25 Minuten

1 Lorbeerblatt
Salz
Pfeffer
150 g Creme fraîche
Safran

1. Den Stangensellerie waschen, putzen und in Scheiben schneiden.

2. Die Muscheln gründlich waschen und die Barthaare entfernen.

3. Die Zwiebeln schälen, feinhacken und in Butter glasig dünsten.

4. Mit Weißwein und Wasser angießen. Das Lorbeerblatt zugeben und mit Salz und Pfeffer würzen. Aufkochen und die vorbereiteten Muscheln in den Sud geben.

5. Ca. 10 Minuten im geschlossenen Kochtopf sanft köcheln, bis sich die Schalen öffnen. Muscheln die sich nicht öffnen, sind für den Verzehr nicht geeignet.

6. Den Sud durch ein Sieb in einen anderen Topf gießen. Das etwas abgekühlte Muschelfleisch aus den Schalen lösen. Restliche Barthaare entfernen.

7. Den Stangensellerie in dem Weinsud ca. 4 Minuten bißfest kochen und in ein Sieb schütten.

8. Den Weinsud bis auf wenige Eßlöffel einkochen, Creme fraîche unterrühren und mit Salz und Pfeffer würzen. Die Soße mit etwas Safran Farbe nehmen lassen.

9. Das Muschelfleisch und die Selleriescheiben unter die Soße heben. Erhitzen, abschmecken und auf vorgewärmten Tellern anrichten.

Dazu Stangenweißbrot.

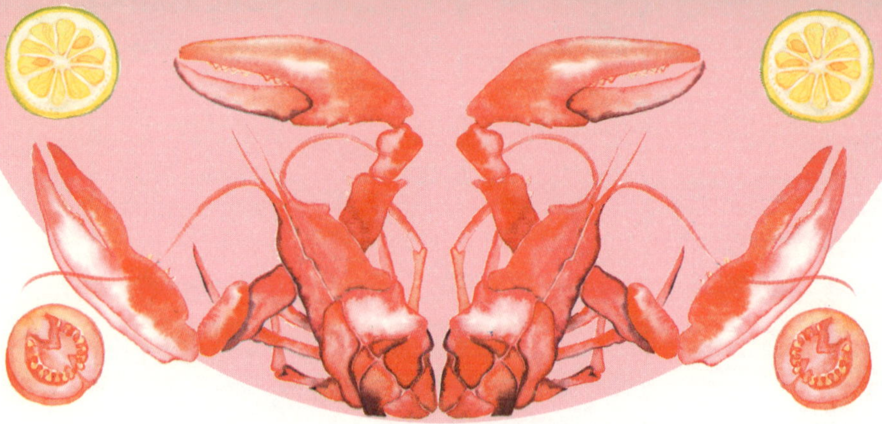

Muschelsuppe

Vorbereitungszeit: 25 Minuten

1 kg Muscheln
2 Zwiebeln
1/4 l Weißwein, trocken
1/2 l Wasser
6 Pfefferkörner
1 Lorbeerblatt
Salz

Kochzeit: 15 Minuten

1 Stange Staudensellerie
2 Schalotten
1 TL Butter
1/8 l Sahne
Pfeffer
1 TL Dillspitzen

1. Die Muscheln gründlich waschen und die Barthaare entfernen.

2. Die Zwiebeln schälen und in Scheiben schneiden.

3. Den Weißwein mit dem Wasser, den Pfefferkörnern, dem Lorbeerblatt und den Zwiebelscheiben in einen entsprechend großen Kochtopf geben, mit Salz würzen und aufkochen.

4. Die Muscheln in den Weinsud geben und ca. 10 Minuten sanft köcheln, bis sich die Schalen öffnen. Muscheln, die sich nicht öffnen, sind für den Verzehr nicht geeignet.

5. Den Sud durch ein Sieb in einen anderen Kochtopf gießen.

6. Den Staudensellerie putzen, waschen und in kleine Würfel schneiden.

7. Die Schalotten schälen, feinhacken und in Butter glasig dünsten.

8. Das etwas abgekühlte Muschelfleisch aus den Schalen lösen. Restliche Barthaare entfernen.

9. Die Sahne und den Staudensellerie in den Sud geben, ca. 3 Minuten köcheln und abschmecken.

10. Die Schalotten und das Muschelfleisch unterrühren.

11. Die Suppe erhitzen, in vorgewärmte Suppentassen füllen und mit Dillspitzen bestreut servieren.

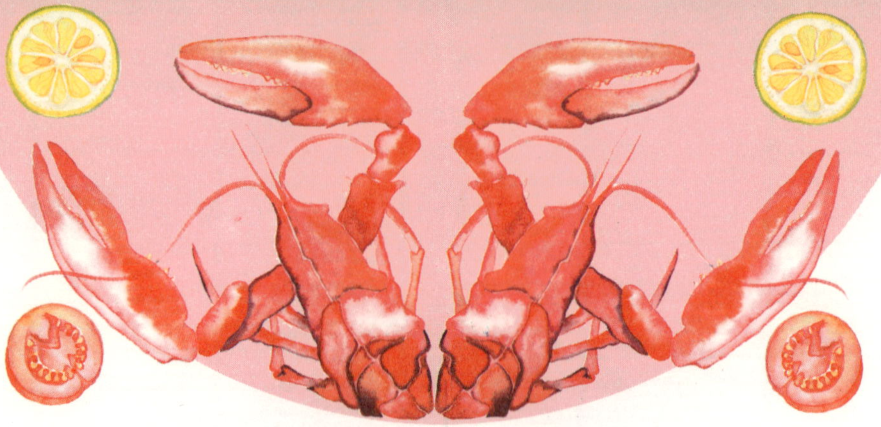

Risotto mit Shrimps und grünen Erbsen

Vorbereitungszeit:
5 Minuten

1 Zwiebel
30 g Butter
1 Tasse Reis
1 Tasse Geflügelbrühe
1 Tasse Weißwein, trocken

Kochzeit:
20 Minuten

200 g grüne Erbsen frisch
(oder aus der Tiefkühltruhe)
400 g Shrimps
Salz
Pfeffer
Safran

1. Die Zwiebel schälen, feinhacken und in Butter glasig dünsten. Den Reis zu den Zwiebeln geben und unter wiederholtem Rühren andünsten.
2. Die Geflügelbrühe und den Weißwein zu dem Reis geben und den Reis zugedeckt bei schwacher Temperatur ca. 20 Minuten quellen lassen.
3. Die grünen Erbsen je nach Größe in leicht gesalzenem Wasser ca. 2 Minuten kochen, gut abtropfen lassen und mit den Shrimps unter den Reis mischen.
4. Den Risotto mit Salz und Pfeffer würzen, abschmecken und mit etwas Safran Farbe nehmen lassen.
5. In eine vorgewärmte flache Schüssel geben und heiß servieren.

Statt Shrimps können auch geschälte Krabben verwendet werden.

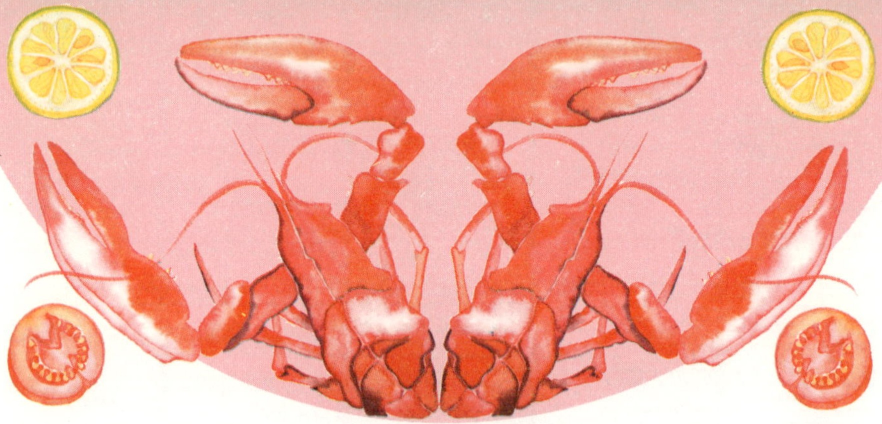

Safransuppe mit Shrimps und Schnittlauch

Vorbereitungszeit: 10 Minuten

½ l Geflügelfond
⅛ l Riesling
⅛ l Sahne
2 EL Creme fraîche
2 Eigelb

Kochzeit: 5 Minuten

Salz
Pfeffer
Safran
1 Bund Schnittlauch
250 g Shrimps

1. Den Geflügelfond mit dem Riesling, der Sahne und der Creme fraîche erhitzen.

2. Das Eigelb verquirlen und einrühren. Erhitzen, jedoch nicht kochen.

3. Die Suppe mit Salz und Pfeffer würzen und mit Safran Farbe nehmen lassen. Abschmecken.

4. Den Schnittlauch waschen, mit Küchenkrepp trocken tupfen und mit der Schere in feine Ringe schneiden.

5. Die Shrimps kurz kalt abspülen, gut abtropfen lassen und in vorgewärmte Suppentassen verteilen.

6. Mit der heißen Safransuppe auffüllen und mit Schnittlauchringen bestreut servieren.

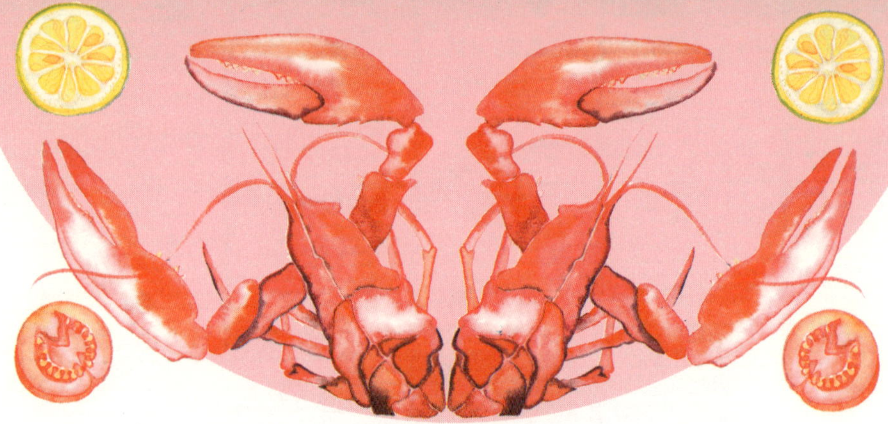

Salat von frischen Jakobsmuscheln mit gekräuselter Endivie

Vorbereitungszeit:
20 Minuten

Dressing für den Salat:
1 TL Zitronensaft
1 EL Sherryessig
4 EL Olivenöl
Salz
Pfeffer
1/2 Kopf gekräuselter EndivienSalat
1 TL Kerbelblättchen

Kochzeit:
keine

Dressing für die Jakobsmuscheln:
1/2 Bund Schnittlauch
1 EL Zitronensaft
4 EL Olivenöl
1/2 TL zerdrückter grüner Pfeffer
Salz
Pfeffer

1. Aus den angegebenen Zutaten das Dressing für den Salat herstellen.

2. Den Schnittlauch waschen, mit Küchenkrepp trocken tupfen und mit der Schere in feine Ringe schneiden, und das Dressing für die Jakobsmuscheln zubereiten. Abschmecken.

3. Den Endivien-Salat in einzelne Blätter zerlegen, waschen, mit Küchenkrepp trocken tupfen und große Blätter teilen.

4. Die Jakobsmuscheln waschen, evtl. vorhandene Häute abstreifen und den Haltemuskel abschneiden. In ganz dünne Scheiben schneiden und mit dem vorbereitetem Dressing in einer Schüssel ca. 5 Minuten marinieren.

5. Die Salatsoße unter den Endivien-Salat heben und den Salat in der Mitte von flachen Tellern anrichten. Die in Scheiben geschnittenen Jakobsmuscheln kreisförmig um den Salat anordnen und mit Kerbelblättchen garnieren.

Dazu Stangenweißbrot.

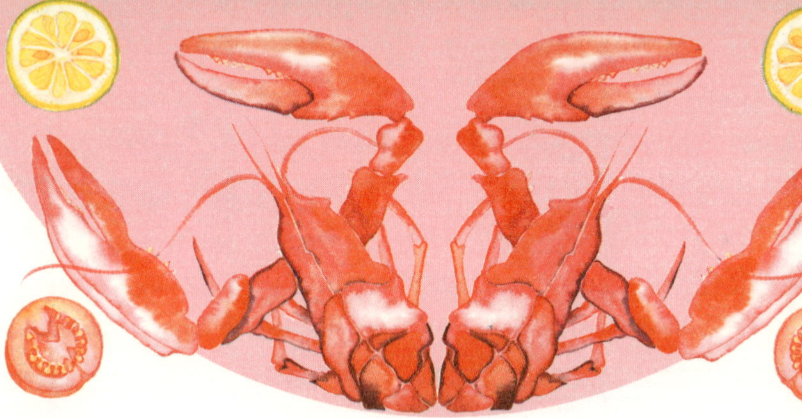

Schaum von Hummerkrabbenschwänzen mit Portweinaspik

für 6 Personen

Vorbereitungszeit:
40 Minuten

400 g Hummerkrabbenschwänze
3 Blatt Gelatine
$^{1}/_{4}$ l Sahne
Salz
Pfeffer

Diese Zutaten müssen vor der Verarbeitung gut gekühlt werden.

Kochzeit:
5 Minuten
+ Festwerden der Speise ca. 3 Stunden im Kühlschrank

für das Portweinaspik:
6 Blatt Gelatine
$^{1}/_{8}$ l Portwein
$^{1}/_{4}$ l mit Eiweiß geklärter Fischfond
Kerbelblättchen

1. Die Hummerkrabbenschwänze in leicht gesalzenes kochendes Wasser geben, von der Kochstelle nehmen und je nach Größe ca. 3 Minuten garziehen lassen.

2. Die Schalen von den Hummerkrabbenschwänzen entfernen.

3. Die 3 Blatt Gelatine 5 Minuten in kaltem Wasser einweichen.

4. 4 Eßlöffel Sahne erhitzen. Die Gelatine ausdrücken und unter wiederholtem Rühren in der Sahne auflösen.

5. 200 Gramm der geschälten Hummerkrabbenschwänze kleinschneiden und mit den 4 Eßlöffel Gelatine-Sahne fein pürieren. Durch ein Sieb streichen und mit Salz und Pfeffer würzen.

6. Die restliche Sahne steif schlagen und unter die pürierte Masse heben. Abschmecken.

7. Im Kühlschrank fest werden lassen.

8. Die 6 Blatt Gelatine 5 Minuten in kaltem Wasser einweichen.

9. Den Portwein erhitzen. Die Gelatine ausdrücken und in dem erhitzten Portwein auflösen. Den geklärten Fischfond unterrühren und mit Salz und Pfeffer würzen. Im Kühlschrank schnittfest werden lassen.

10. Den Portweinaspik in feine Würfel hacken.

11. Mit einem Löffel den Schaum von Hummerkrabbenschwänzen abstechen und auf gekühlten Tellern anordnen. Mit dem Portweinaspik, den zurückbehaltenen Hummerkrabbenschwänzen und den Kerbelblättchen garnieren.

Dazu Stangenweißbrot.

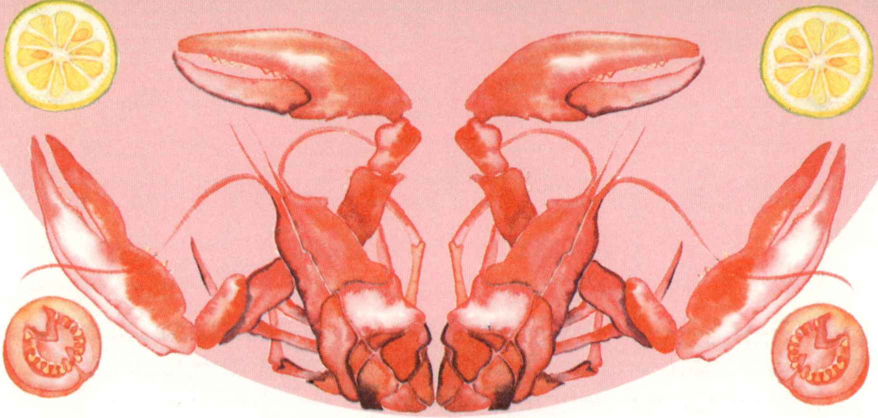

Schaum von Seezungen mit Krebsen in Champagnersoße

für 6 Personen

Vorbereitungszeit: 35 Minuten

für die Soße:
1/8 l Fischfond
1/8 l Champagner, trocken
2 Eigelb, 100 g kalte Butter
Salz, Pfeffer

für den Schaum von Seezungen:
Diese Zutaten müssen vor der Verarbeitung gut durchgekühlt werden.
200 g Seezungenfilets, 1/4 l Sahne
2 Eiweiß, Salz, Pfeffer
1 TL Butter

Kochzeit: 30 Minuten
+ Vorheizen des Backofens auf 160° C

Sud für die Krebse:
1 l Wasser
3/4 l Riesling
1 Bund Dill
2 Schalotten
1 Lorbeerblatt
Salz, Pfeffer
Kümmelpulver

für die Garnitur:
12 Krebse
4 Schnittlauchstengel

Soße:

1. Den Fischfond bis auf wenige Eßlöffel einkochen.

2. Den Champagner unterrühren und erhitzen. Die 2 Eigelb verquirlen und einarbeiten.

3. Die kalte Butter in kleinen Portionen mit dem Pürierstab eines elektrischen Handrührgerätes einrühren.

4. Mit Salz und Pfeffer würzen.

Schaum:

5. Die Seezungenfilets kleinschneiden und in kleinen Mengen mit etwas Sahne und dem Eiweiß im Mixer, oder mit dem Pürierstab des Handrührgerätes pürieren. Durch ein Sieb streichen.

6. Die Masse mit Salz und Pfeffer würzen und 45 Minuten im Kühlschrank ruhen lassen.

7. Kleine Portionsförmchen mit Butter ausstreichen und die Masse einfüllen.

8. Die Fettpfanne des Backofens 1 cm hoch mit Wasser bedecken, die Förmchen hineinstellen und in die mittlere Einschubleiste des Backofens schieben. Bei 160° C ca. 25 Minuten garen.

Krebse:

9. Die Zutaten für den Krebssud vorbereiten und in einen Kochtopf geben. Leicht mit Salz, Pfeffer und Kümmelpulver würzen und ca. 5 Minuten durchköcheln. Abschmecken.

10. Die Krebse in den Sud geben, aufkochen und neben der Kochstelle je nach Größe der Krebse ca. 3 Minuten garziehen lassen.

11. Die Schalen der Krebsschwänze abdrehen.

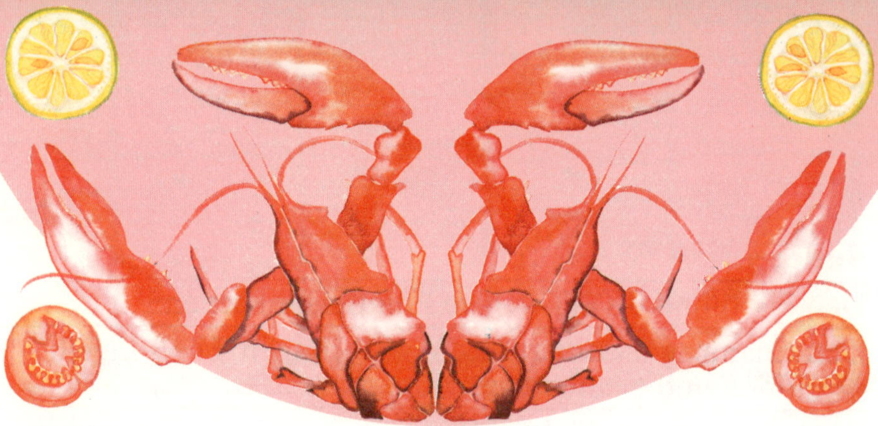

Vollendung:

12. Die Champagnersoße erhitzen und abschmecken.

13. Den Schaum von Seezungen auf vorgewärmte Teller stürzen und mit der Soße überziehen. Jeweils 2 Krebse dekorativ dazu anordnen.

14. Den Schnittlauch waschen, mit Küchenkrepp trocken tupfen und mit der Schere in feine Ringe schneiden. Auf den Schaum von Seezungen streuen.

Man kann auch die Krebsnasen auswaschen, mit etwas Seezungenfarce füllen und ca. 1 Minute im Krebssud garziehen lassen.

Dazu Stangenweißbrot.

Es ist wichtig, Fischgerichte nie zu heiß zu behandeln und zu lange zu garen, da sie sonst zu trocken und zu fest werden.

Gewissenhafte Einhaltung dieser Grundregeln sind die Voraussetzung für ein gutes Kochergebnis.

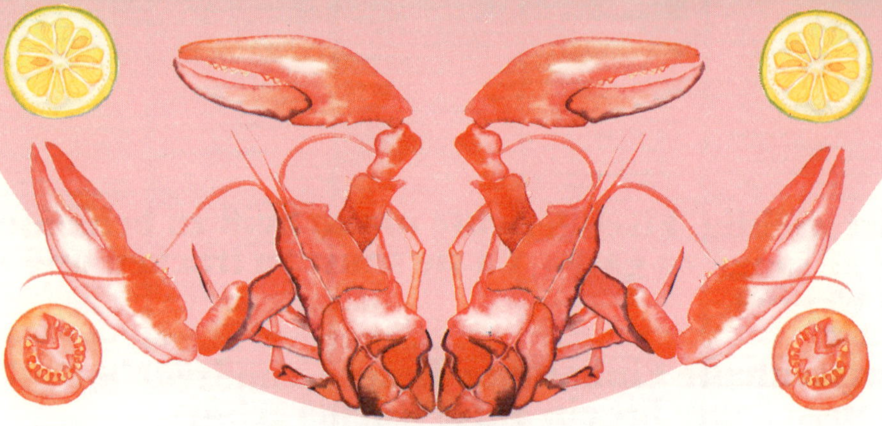

Schneckenragout

Vorbereitungszeit:
15 Minuten

2 Schalotten
1 Knoblauchzehe
1 TL Butter
$^1/_4$ l brauner Kalbsfond
$^1/_8$ l Riesling
150 g Creme fraîche

Kochzeit:
25 Minuten

24 Weinbergschnecken
1 Bund Schnittlauch
1 EL Dillspitzen
Salz
Pfeffer
Zitronensaft

1. Die Schalotten und die Knoblauchzehe schälen und feinhacken. In Butter andünsten.
2. Den Kalbsfond und den Riesling bis auf wenige Eßlöffel einkochen.
3. Creme fraîche unterrühren und mit Salz und Pfeffer würzen.
4. Die Weinbergschnecken halbieren, unter die vorbereitete Soße heben, erhitzen und ca. 5 Minuten bei schwacher Temperatur ziehen lassen.
5. Den Schnittlauch waschen, mit Küchenkrepp trocken tupfen und mit der Schere in feine Ringe schneiden.
6. Den Schnittlauch und die Dillspitzen unter das Schneckenragout rühren und mit Zitronensaft abschmecken.

Dazu Stangenweißbrot.

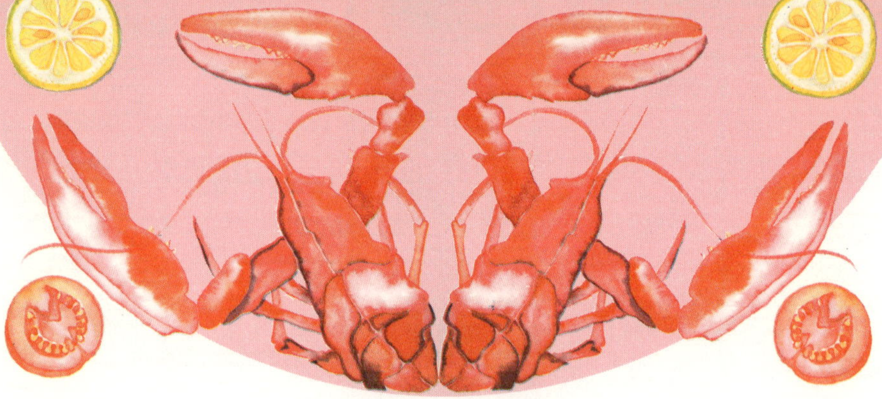

Timbal von Hummerkrabbenschwänzen auf Schnittlauchcreme

Vorbereitungszeit: 25 Minuten

200 g Hummerkrabbenschwänze ohne Schale
2 Eiweiß
1/4 l Sahne
Salz
Pfeffer
1 TL Butter
1/8 l Fischfond

Kochzeit: 30 Minuten
+ Vorheizen des Backofens

200 g Creme fraîche
2 EL Riesling
1 Bund Schnittlauch
4 Hummerkrabbenschwänze ohne Schale
1/8 l Riesling
4 Kressezweiglein

1. Die 200 g Hummerkrabbenschwänze kleinschneiden und mit dem Eiweiß und der Sahne mit dem Pürierstab des Handrührgerätes fein pürieren. 30 Minuten kalt stellen.
2. Die Masse durch ein feines Sieb streichen und mit Salz und Pfeffer würzen. Abschmecken.
3. Timbalförmchen mit Butter ausstreichen und die pürierten Hummerkrabbenschwänze einfüllen und glattstreichen.
4. Die Fettpfanne des Backofens ca. 1 cm hoch mit Wasser bedecken. Dann die Timbalförmchen in die Fettpfanne setzen und in die mittlere Einschubleiste des Backofens schieben. Je nach Größe der Förmchen ca. 20 Minuten bei 160° C im Backofen garen.
5. Den Fischfond bis auf wenige Eßlöffel einkochen.
6. Creme fraîche und die 2 Eßlöffel Riesling unterrühren und evtl. noch etwas reduzieren, bis die gewünschte Konsistenz erreicht ist.
7. Mit Salz und Pfeffer würzen.
8. Den Schnittlauch waschen, trocken tupfen und mit der Schere in ganz feine Ringe schneiden.
9. Die Soße abschmecken, den Schnittlauch einrühren und auf vorgewärmten Tellern einen Spiegel gießen.
10. Das Mus von Hummerkrabbenschwänzen aus den Förmchen auf die Schnittlauchcreme stürzen.
11. Die 4 Hummerkrabbenschwänze halbieren, in dem Riesling ca. 1 Minute garen. Herausnehmen, gut abtropfen lassen und dekorativ auf die Teller setzen.
12. Mit Kressezweiglein garnieren und sofort servieren.

SEE FISCHE

Dorsch/Kabeljau

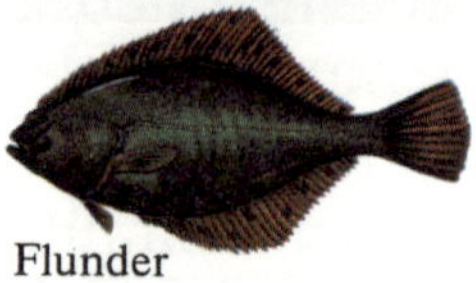

Flunder

Heilbutt

Heringskönig

Makrele

Meeraal

Schellfisch

Scholle/Goldbutt

Seelachs

Steinbutt

Thunfisch